高考语文

热点作家作品精选

第一百朵玫瑰

侯拥华/著

李红都/点评

哈尔滨出版社
HARBIN PUBLISHING HOUSE

侯拥华的文字质朴凝练，文字下的故事多半是平凡的人与事，只是他总是锲而不舍地把故事往生活深处挖、向灵魂深处探，于是那些平凡的人与事就有了鲜活的面孔与感人的力量。

——《意林·作文素材》《意林·图解作文》主编　王立莉

在这浮华焦灼的时代，侯拥华这些充满温情、理解、宽容、悲悯的文字，是否过于平实，然而读过之后，深潜内心的美好，一一浮现，眼睛里可以闪烁欢乐，亦可涌动哀伤，更是深切地感知，人，可生如蚁而美如神。这些温润而不乏力量的文字，让我们的内心丰满充盈，在这复杂的世界里，为岁月而成长，不忘初心！

——《疯狂阅读》杂志编辑　刘军峰

侯拥华的作品擅长从细节去打动人，在生活中那些不经意之处，他总是能捕捉到精彩的细节，把这些细节展示给我们，让我们看到生活的美。在每一个人物背后，都可以看到一个精彩的故事。作者用自己独特的笔法展现给我们一个个精彩的故事，每一个都值得我们细细品读。

——《读者》《意林》等签约作家写作培训讲师　郭龙

有些人的文章给人以力量，有些人的文章给人以温暖。侯拥华的文字属于后者，有时候我在想，那一掬暖一捧光，看似微弱，却抚慰着一颗颗心，向着阳光的方向努力生活，生生不息。这何尝不是一种更持久的力量呢！

——美文作家　朱成玉

成长路上的青春正能量

李红都

认识侯拥华，最初是源于他的作品。那一段，我在给各类知名刊物投稿，经常会在《思维与智慧》《意林》《格言》《读者》等大刊上读到他的作品，因了他作品中蕴藏的阳光思想和励志力量，我牢牢地记住了他的名字。

对侯拥华进一步的了解，是在2008年。那年，我们都是国内某家小小说刊物的特约作家，并且写作风格也都是励志的青春美文或温暖的亲情、爱情故事，彼此的关注和欣赏，让我们互加了对方的QQ号，经常在网上交流写作经验和生活感悟。

认识他之前，我以为写得这么一手好文字的人一定是供职于省市级媒体的记者，加上QQ后，才了解到，他当时只是一位在城郊接合部学校任职的小学数学教师。"一位小学老师的文章居然写得这么好看、有深度，更何况还是教数学的老师，真不简单……"我暗自佩服。那一刻，我有一种预感，侯拥华日后定会有更开阔的职场发展空间。

我没看错，一年后，侯拥华就接到调令，调至政府机关工作。写作不仅成就了他的作家梦，还为其仕途增加了光芒，侯拥华也因之成为所有认识他的人眼中的励志人物。

励志的人，自然有一颗阳光、积极的心。就像他笔下的那一篇篇启迪心智、激励梦想的精品美文，总能让我们从不同的角度感受到真情、梦想和品质的力量。

有位中学生很喜欢阅读文学刊物，却又感叹学业紧张、空闲时间有限，不知如何少而精地阅读书籍汲取成长的营养。她迷茫地问我："哪些是有益于青少年阅读的好图书呢？"我很负责地告诉她："那些收录能让人看到希望、感到温暖和积极向上精神力量的图书，都是好图书。比如侯拥华即将推出的《第一百朵玫瑰》……"

一直觉得，当代青少年生于盛世，衣食不缺，缺的只是正确的人生观和价值观的培养与完善，而好的文学作品通过生动感人的语言艺术，能起到引领思潮、教化人心的作用，从而照亮读者的精神世界，带给他们奋斗的激情和前进的力量。而这些对灵魂的净化和精神的引领作用，在阅读侯拥华这本《第一百朵玫瑰》的过程中，我们能清晰地感受得到。

《第一百朵玫瑰》收录了侯拥华近年刊发在国内诸多刊物上的60多篇代表作品，并根据内容划分成"藏在心底的话""人生因什么而不同""图书馆恋情""亲爱的宝贝"和"时光的暖"五辑，分别向读者分享了他对生活、成功、爱情、亲情、真情的感悟以及对生命意义深层次的思考。他的文章，有一种别样的魅力：那些与亲情、爱情、友情有关的散文和小小说，能让人透过平凡常见的生活片段，发现平时被自己忽略的那些美好，听到藏在心底不轻易说出来的声音，从而激起读者对真情和美好生活的追求与珍惜之情；那些励志类小品文，则通过对一个个血肉饱满的真人真事的叙述，让读者看到闪烁在逆境中的那些鼓舞人心的智慧光芒。

侯拥华是一位善于把握情感和新闻素材进行创作的优秀作家，在《藏在心底的话》一文中，他通过一个少年成长的故事，讲述了父母对子女的那些深埋在心底不说出来的爱。这种爱，我们在自己的生活中也能发现相似的痕迹，正是因为熟悉或相似，才引起了我们的共鸣。正如作者在文中归纳的那段话一样，"年少时，我们有许多藏在心底的话，无法向父母言说。多少年后，我们成了别人的父母，才恍然发觉，身为父母的他们，一样也有着藏在心底的话难以言表。那些藏在心底的话，是无奈，是心酸，也是一种体谅和温暖……"读到这里，我也找到了为什么侯拥华的作品拥有庞大读者群的原因——为什么别人愿意读他的作品呢？那是因为他写的东西让读者产生了共鸣，所以别人才有兴趣和耐心仔细地阅读完全文，也才会在阅读中受到正确的教化和引导。

幸福的人生，不仅要有对情感的正确把握，还需要找到实现自我价值的方式。谁不希望自己的事业做得风生水起、光芒万丈呢？但想成功，我们得找到通往成功的那条轨道。而这些轨道，侯拥华已在"人生因什么而不同"一辑中向读者做了分享。

在《给自己留一把匕首》中，他通过一位下岗工人的成功创业经验，告诉了读者一个道理：成功永远是一把刺向自己的匕首，刺向自己的软弱、无知，以及退缩；在《人生因什么而不同》一文中，他通过讲述成功学大师安东尼·罗宾将自己的成功归为"健康→爱→智慧→积极→诚实→热情→感恩→快乐→学习→成就→投资→奉献→创造"这样一种有先后次序的链条，与读者共享这位国际成功学大师的成功奥秘，让读者悟出："原来，每个人的现实生活状况都是由你过去的选择所造成的，而你的选择，又源自你在内心的价值观和价值体系。只要清楚个人心中的价值观，适当调整自己的价值体系，每个人都能为自己找到准确的方向，并为自己的未来，做出正确的选择。"令人读来心头清澈敞亮，精神为之振奋，感到成功离自己原来也并不是之前想象得那么遥不可及。

可以说，这本书不仅能帮助在校读书的中学生和大学生感受亲情、爱情的美好，珍惜现在拥有的一切，找到人生的幸福密码，还能帮助初涉职场的年轻人树立正确的人生观、价值观，从而以积极向上的姿态，营建培植真善美的精神家园，让自己也成为影响身边人的青春正能量。

青 苔

素是一种颜色，不沾染红尘，不招惹是非，是心灵的底，岁月的宗。素颜不好看，但真实；素菜补心，修养性格；素服是白，是孝，是不染任何纤尘。

世上万事万物都喜欢伪装，少了一丝素雅，多了几分妖。

种了许多花，但总会凋零，有一日突然间发现，自己最喜欢的竟然是白花，如少女的裙摆，随风舞动，好一场热闹非凡的春满人间。

一切终于素，归于洁，年轻时候怒放心花，没有人使自己的心灵停歇，闹心闹事，唐伯虎点了秋香，李白纵了酒，爱迪生击碎了灯花，人都是从年轻的时候过来的，没有人可以躲避得了躁动。

老了，归于真，归于实，潇洒的只是心灵，素心如雪，如风刮过天空，似梅伸过墙头。

在苏州老城，我看到了一个盲人，不穷酸，衣着普通，卖的是饰物，清一色的原色，素洁，高雅。与旁边的叫卖声格格不入，不吆喝，吆喝声太大了，会破坏人的兴致，本来商业化已经成了旅游的诟病。他看不见，有些游人偷了他的东西，他装作不知道，有些人兴致勃勃地告诉他："大爷，钱放这儿了。"他则高兴不迭地举手示意。

一身素衣，胜过姹紫嫣红，不怒不喜，你可以动荡不安，而自己则岿然不动。

我接近了那位老人，看着那些精美的饰品，我不敢打扰他的世界，更不敢问他关于这些饰物的由来，兴许是儿女们进的货，或者是好心之人有意为之。但毕竟，老人在风中拥有了仙风道骨，他的笑，打动了所有的人，一种童真般的意趣油然而生，不由自主地，我将钱放在他干净洁白的筐箩里，没有说话，拿了一枚白色的头钗。

手染了色，可以濯浣；

衣落了灰，可以轻掸；

心蒙了尘，谁来扫？

心变了色，谁来清？

纵然有一双妙手，你也无法洗去世间所有的尘埃，你扫完了台阶上的雪，雪不说话，雪落无声，雪月风花。

保养一颗善心，难能可贵，你可以走错路，做错事，但最好不要破坏了敢爱会爱的氛围。

素心如雪，真心是茶，是一场春雨，唤醒一朵花。

目录

第2辑

人生因什么而不同

人生因什么而不同？人生，因你内心的选择不同，而不同。

第3辑

图书馆恋情

一颗硕大的泪滴，从她眸里滑落。她知道一切都已结束，何必去纠缠不清。然后，她转回头，头也不回，快速走向远方。

第**4**辑

亲爱的宝贝

快递是日夜兼程送来的。爹在信里只说了一件事儿，泥鳅放年假第二天到村子外的河沟边砸冰窟窿，掉进去，淹死了，年前赶回去兴许还能见上一面。

第**5**辑
时光的暖

> 人可以老去，可时光不会。时光日日是新的。那记忆中的人，也在日日变化的时光中一天天走向未来。那暖，那爱，那心尖的颤，日日不变。

第1辑
藏在心底的话

年少时，我们有许多藏在心底的话，无法向父母言说。多年之后，当我们成了别人的父母，才恍然发觉，身为父母的他们，一样也有着藏在心底的话难以言表。那些藏在心底的话，是无奈，是心酸，也是一种体谅与温暖。

少年小鱼

作家心语： 面对残酷的现实，我们的情感是否是一眼枯井？

每天傍晚开晚饭的时候，小鱼就会从学校里溜出来，走很远的路，跑到网吧来。他推开门，并不完全进去，只眼巴巴地望向吧台——他期待着我抬起头看他一眼，给他一缕温暖的目光，或是浅浅的一个微笑。每次他来，我就会丢下手里的活计，抬起头对他说："小鱼，你又想妈妈了？"

小鱼便很虔诚地点点头。

小鱼每次来，并不玩游戏，他只是为了看我一眼，然后转身飞快地跑掉。

每次看见他消瘦的身影和寂寞的眼神，我的心就一颤，真想拥他入怀。

小鱼的家并不在这座海滨之城，而是在遥远的北方的一座深山里。深山里，没有河流，也没有小溪，到处都是石头和树木。这条可怜的小鱼到哪里去游泳呢？

小鱼出生前一天，妈妈做了一个奇怪的梦。梦里是一个宽阔无边的蔚蓝大海，妈妈站在海边举目望向远方，一条调皮的小鱼在她的脚边轻轻咬着她的脚丫，不忍离去。第二天小鱼就出生了。妈妈便给他起了一个奇特的名字——于小鱼。

"小鱼是游向大海的。亲爱的小鱼，你什么时候才能在大海里游泳呀？"望着襁褓里不会说话的小鱼，妈妈禁不住这样对他说。小鱼听不懂妈妈的话，只会咿咿呀呀。

半年后，爸爸妈妈离开了家乡，到县城打工去了。把小鱼留给了爷爷奶奶看管。为了小鱼游向大海的梦想，爸爸妈妈有许多事情要做呢！一年后，妈妈回来看小鱼的时候，小鱼已经会蹒跚走路了，可是小鱼还不会叫妈妈呢——他不知道妈妈长什么样子，或许他已经忘了妈妈的样子。妈妈只抱了抱小鱼，亲了几口，很快就又走了。小鱼还没有和妈妈亲够呢，妈妈就走了，望着妈妈远去的背影，小鱼眼睛里只有空落落的失望。剩下来的时间，孤单的小鱼只有和年老的爷爷奶奶为伴，而陪他玩耍最多的，是院子里那只叫老黑的家狗。小鱼一哭，一笑，或者一叫，老黑都会冲黑洞洞的屋子里，汪汪地狂吠几声。多半时间，奶奶是不会出现，奶奶有她忙不完的活计。

三岁的时候，小鱼被妈妈带到县城里上幼儿园。小鱼的幸福日子终于来到。小鱼和爸爸妈妈住在一间不足十平方米的小出租屋里，最大的家具就是一张双人床。屋子虽小，可是很温暖。每天一早，小鱼就坐在妈妈的后车座上，一边和妈妈说话，一边用好奇的眼睛望向熙熙攘攘的四周。每天放学后，小鱼就站在幼儿园门口，盼着妈妈早点来接他回家，可是每天妈妈都是最后一个出现。天要黑下来的时候，妈妈才骑着一辆叮当作响的自行车慌慌张张地赶来。

六岁那年，爸爸妈妈和小鱼商量，离开小县城到南方去。小鱼眼睛睁得大大的，不解地望着他们。妈妈看了看小鱼，高兴地对小鱼说："因为这里没有大海，我们只有把我们家的小鱼送到大海边，我们家的小鱼才会奔向大海，在大海里快乐地自由自在地游泳呀！"

为了小鱼成长的梦想，爸爸妈妈把小鱼带到了这座海滨之城，然后把他送进一家临近海边的私立学校。一个月妈妈才来看望小鱼一次。

班里有几个小鱼这样的孩子，想妈妈想得厉害的时候，就会哭，可是小鱼不会。想爸爸妈妈了，小鱼会推开窗户，让咸湿的海风吹进来，望一望远处的大海——他想，这一刻，爸爸妈妈或许就在远处某一艘渔船上忙碌着。渔船很小，只能看见冒出海面的尖尖的桅杆。小鱼的眼泪便像咸湿的海水，扑簌簌、默默地从眼睛里落下来，灌进嘴巴里。此刻，小鱼的心里就像大海的波涛一样汹涌。班里有个叫小莫的男孩悄悄对小鱼说，想妈妈厉害了，他会拼命地打游戏机，只有沉迷在游戏中他才会把妈妈忘掉。可是小鱼没有游戏机。但小鱼知道，网吧里是可以打游戏的。

那个夕阳西下的傍晚，小鱼第一次找借口从学校里溜出来，跑了几条街道，才找到一家网吧。

推开门的那个瞬间，小鱼愣住了。小鱼望着坐在吧台后面的我，轻轻叫了一声——妈妈！

可我并不是小鱼的妈妈。只是和他的妈妈长得有点像的年轻妇女。

那天，我拉小鱼坐在身边，听小鱼讲他和爸爸妈妈的故事。

再后来，每次看见小鱼出现在我眼前的时候，我就想流眼泪。

我没告诉小鱼我的故事。我也有一个和小鱼一样大的，长得虎头虎脑的男孩子，现在他还在老家深山的一座石头房子里读书。我也想把他带过来，送进和小鱼上的那家一样好的私立学校。但是现在我攒的积蓄，还远远不够他来到这座海滨小城生活和上学所用。作为一个离乡背井长年漂泊在外的打工者，这又何尝不是一种奢望呢？

点 评

这是个竞争激烈的时代，当我们面对教育的时候，能否越过冰冷的分数，看到孩子们那颗需要爱意温暖的心。当孩子在知识的海洋徜徉的时候，他或她的情感世界是否是一片一望无际的沙漠？作品把情感推入社会现实的深处，让人警醒和深思。

起山货

作家心语：亲情是一生陪伴，是风雨兼程、不离不弃的心灵呵护。

头次起山货那年，爹六十二，他十五。

爹坐在驴车前，扬起马鞭在空中挽起一个漂亮的鞭花，啪一声把黑色的夜幕撕裂成一片片碎布。爹绷着脸，凝神注视前方，一声不吭。他却跷起二郎腿仰躺在驴车上笑望着夜空，看星星在夜幕上眨眼睛。山黑黝黝的，起伏连绵，像是一头头刚刚睡着的雄狮。他在驴车里刚吼出一嗓子山歌，就被爹呵斥住了。

"招狼咬呀！……你个王八羔子！"

一瞬间，他像被人卡住了喉咙，蔫在那里，脑海中旋即跳出无数双绿幽幽的眼睛。山里狼多，尤其是夜里。出门时，爹特意在怀里揣了一把亮闪闪的匕首，还在驴车上放了把刚刚磨好的弯月镰刀，用稻草盖着。

为了起山货，天蒙蒙亮他和爹就出发了。驴车像一叶扁舟在茫茫大山里荡来荡去，收满山货后，再趁着夜色，马不停蹄地奔向县城赶早集。

爹年岁大了，眼睛不好使。爹总让他先睡，好趁着夜色不浓独自赶路。爹说："别睡太死了，看好身下的山货——这些都是给你娶媳妇的。"他懒懒地回应着"知道了"，而哈欠却早已打到了脑门后。

后半夜起来，他开始给爹带路。他端坐在驴车前头，紧挨爹坐下，目光炯炯有神地越过驴的脑袋，探向前方。黑黝黝的山路望不见时，就该转弯了。每到此时，他总会先清清嗓子，轻咳一下，才朗声说："——爹，该转弯了。"爹听到后，轻轻一拉绳，再把马鞭头伸向驴脑袋的方向一敲，驴就很知趣地向转弯的一边拉，然后，驴车吱呀吱呀叫着，慢悠悠拐进另一条山路上。

起多少次山货，爹从不让他驾车，爹说怕他把驴惊了——赔了夫人又折兵。几年下来，他越蹿越高越长越壮实，爹却老成了一根朽木。

二十岁那年，爹翻盖了家里的房子为他娶了媳妇。第二天，爹就病了。可爹，仍执拗着叫上他，赶着驴车出门起山货。爹说："我还能送你几程，今晚就该让你驾车送货了。"他看着爹，鼻子一酸，眼泪差点落下来。

天黑下来的时候，一车的山货已经装得满满。最后一包山货装上车后一口鲜血从爹口中吐出来，爹倒下来就不会说话了。他推下一包山货，慢慢搀扶爹躺在车上，又把自己身上的棉外衣脱下来垫在爹的身下。他决定牵着毛驴回家，爹却用手指着县城的方向，一声不吭。他明白，爹这是要他把山货送到山外的县城去。

想到爹的病，他坐在驴车前头，一记响亮的鞭声响过，驴车启程了。

天全黑下来后，山里空寂得有些吓人。一坐到驾车的位子，他就觉察出爹的不易来。山里的那些绿幽幽的眼睛很快在车周围不远的地方冒出来。他跳下车，把爹怀里那把匕首取出来揣在身上，又把那把镰刀放在屁股底下坐牢。他紧张得手心沁出了汗珠，眼珠子骨碌碌转得像风火轮子。为了驱赶恐惧，他学爹，啪，啪，啪，把清亮的鞭声，甩个不停。

驴车拉着爹没有走完一半山路，爹就咽了气。那时山风叼起他的头发，他跳下车，去看爹，发现爹早已没了气息。

"爹！——"撕心裂肺的哭声，从他喉咙里涌出来，响彻山谷。哭喊过，他含着两眶热泪，抱了抱爹，继续赶路。毛驴似乎也知道了所有的一切，脚步变得沉重起来。他跳下车开始牵着驴走，吧嗒，吧嗒，山路被他和毛驴踩出铿锵的节奏。

不知不觉中他们来到一座山的尽头，该转弯了，可他抓着的缰绳却怎么也拽不动。毛驴四脚抵在山路上，死死的，一动不动。他着急地拍了一下驴屁股，毛驴抖了抖身子，依然如故。他学着爹甩了一记响鞭，毛驴突突打了几个响鼻，仍纹丝不动。他唱起了山歌，引得远处一片幽幽的叫声，毛驴还是不为所动。他怒了，把马鞭狠狠甩在驴背上，毛驴啊呜啊呜叫了两嗓子，依旧没挪动身子。

望着四处幽幽的绿眼睛和车上已经冰凉的爹，再望望毛驴，他忽然想起了什么。

他走到车前，拉住毛驴，把嘴巴探到驴耳朵边，轻轻说了一句，毛驴就吧嗒吧嗒开始向前迈步了，驴车吱呀叫着慢慢侧转了一下身子，一个山头就这样闪在了身后。

他说："——爹，该转弯了！"

他两行热泪又冒出来。

他冲着山谷大声哭着喊："爹，该转弯了，爹，该转弯了……"

空旷的山谷回响着他的哭喊声，绵绵不绝。

★ 点 评

故事温暖感人，故事中最打动人心的是那句富有黑色幽默的呼喊。这句话使得故事拥有了神奇的力量，穿透人心的力量。同样也是这句话，使得一个平凡的故事有了不平凡的意味。抓住文章的细节打动人，是这篇文章的精彩之处。

如果爱，月光定能看见

作家心语：爱让我们发现世界的美好，即便是一片阳光、一缕月光，在爱的关照下，都是无限美好的。

一

朋友住在老城区一栋老式多层楼房的顶层，每日回家和出门，都要爬上爬下，很是辛苦。而朋友的父亲已是花甲之年的老人了，且身体瘫痪，行动不便。为此，除了看病，他的父亲已经有好几年没有下楼活动过了。后来，老城改造，他居住的楼房周边的高层一栋栋拔地而起后，他的那所房子，便整日被笼罩在这些高楼的阴影之中。没有阳光的生活让他很是郁闷，尤其是看见年迈多病的父亲那张忧郁沧桑的脸，更让他心疼不已，可是又没钱换一套有阳光的房子。这让他很是苦恼。

有一次，上班的时候因为有事，耽搁了一段时间，足足晚了半小时才出门，下到6楼与5楼中间的楼道时，他忽然发现了一大片射进楼道里的阳光。落在地上的阳光像黄灿灿的金子，晃人的眼。他仔细看了一下，在那个时刻，正好有一片阳光从一栋大楼的玻璃幕墙上反射进来。他高兴万分，激动不已，急匆匆跑回家，从家里搬出来一把大椅子，然后再返回去把老父亲背出来，把父亲紧紧固定在那张椅子上。就这样，一缕带有温度的阳光，便飘落在父亲那张灰蒙蒙的脸上。那一刻，他看见老父亲咧嘴呵呵笑了。半小时后，他发现那片阳光消失了，又把老父亲背回家里。

那天，朋友上班迟到了一个多小时，为此专门向领导做了汇报。再后来，单位特批他一小时的假，陪父亲在楼道里享受那份暖阳。那半小时有阳光的日子对于我们不算什么，却成了老人一天中最美好的时光。

二

我居住的那个城市，有一天发生了一件奇怪的事情。一位公交车司机发现车上有一位老人在车上坐了两个全程都没有下车。中午的时候，他饿了，就把自己带来的馒头咬上几口，然后就几口凉开水咽下。

老人在车上不言不语，安安静静地看车上的乘客上上下下，再转回头专注地看车窗外流动寂寞的风景。老人怪异的举动把公交车司机吓坏了，他以为老人是智力上出了问题，忘了回家的路，于是便打了110。后来，警察赶来欲要带走老人，经过一番询问才知道，老人孤身一人来这个城市的女儿家小住一段时间，可是女儿和丈夫因为工作忙碌无暇照顾他，他们每天都是一早出门上班，中午也不回去，直到天黑才赶回家团聚。老人一个人在家，感觉实在寂寞，于是出了家门，坐上公交车散心，可他又不知道去哪里是好，只好在车上看着车里车外熙熙攘攘的人群发呆，度过一个还不算太寂寞的一天。

他的故事在小城报道后引起许多人的关注。

再后来，老人依然坐公交车散心。不过已经有人主动和他聊起天来。和公交车司机熟识后，老人成了公交车上的常客。在周而复始枯燥的线路上，公交车司机找到了旅程的伴侣，而老人也在与人的交往中排遣了内心的孤独之感。那段周而复始的旅程，虽然有些枯燥，但是老人却感受到了来自他人的温暖。

三

在小区里的一栋楼房中，有一个孩子病了，需要在家里静养一段时间。

生病前，他是个活泼可爱的孩子，身边有一大帮朋友。现在，他独自一人在家，感到十分孤独与无聊。

一天晚上，小男孩在床上实在无聊，便拿出一面小镜子做反光游戏。他打开窗户，让小镜子把卧室的灯光反射到对面楼房的墙上或窗户上。他期盼有人能给他一个回应，推开窗户望一望他，或是喊一声打一个招呼，或者也能做一个反光游戏和他一起玩。

他这样玩了好几个夜晚，都不曾有一个人注意到这一点。一点反应都没有。他感到生活无聊至极，决定放弃的时候，他的父亲走过来告诉他："总会有人回应你的，即便没人看见，可是只要有了月亮，月光一定会看见的，它总会给你一个回应的。"孩子睁大眼睛望着父亲，一副半信半疑的样子。

过了一会儿，在这个有月亮的晚上，对面楼房有一扇窗户果然照出一束亮光，在他的窗户口晃了一晃。小男孩激动极了，赶忙趴在窗口呼应。然后，两束光像两只探照灯一样扫来扫去，又像两个调皮的孩子互相追逐打闹。那天，小男孩玩得很尽兴，玩了很久才睡下。

再后来，小男孩换了一束红外线照过去，发现对方很快也换了一束红外线灯光呼应。小男孩换了一只手电筒，对方很快也换成手电筒呼应。

隔着几十米的空间，谁也无法知晓对方的信息，连面孔都无法看清楚。可是，两束光在相互交会与追逐中，让生病的孩子找到了无边乐趣。那样一个个寂寞漫长的夜晚，月亮见证了他们的快乐。

有一天晚上，小男孩把自己的望远镜拿出来，他很想知道对方长什么样子。他曾设想过，对方可能是一个调皮的男孩，或许会是一个安静美丽的女孩，也可能是一位有爱心的老奶奶或老爷爷。当他向对面楼上探望时，发现对面射过来一束光，他便把自己的手电筒照过去，直直打在对方的脸上。在望远镜里，这时候，他看见了一张熟悉微笑的脸。他吃了一惊。

那是一张疲惫不堪的父亲的脸。他甚至在那张脸上看见了湿漉漉的额头上流淌着的淋漓的汗水。

后来他从父亲那里知道，为了配合他的游戏，父亲每天晚上吃过饭后，就悄悄搬一把小椅子下楼，跑到对面楼上，站在小椅子上，借着楼道的一扇窗户，和他一起玩反光游戏。

那一刻，他相信了父亲的话，这世上真的有许多爱，你看不见，但是月光能看见。也许那份爱，不够炙热，却会像月光一样皎洁。

点　评

　　故事都是暖意的小故事，要写好，并汇聚成一股力量，就要找到故事的共同点。现实生活的细节，看似不起眼，经过作者打磨，放到特定的背景中就会闪现出动人的光芒。

有一种思念，叫骨瘦如柴

作家心语： 对于亲情而言，最珍贵的是陪伴。有时候不需要语言，就那样静静坐在一起，就是一种幸福。可是，许多人，因为别离，让亲情成了一片荒滩。在彼此的思念中苦苦煎熬，抱憾终身。

一

五岁那年，他随爹，到镇上的集市赶集，在拥挤的人群中挤来挤去。街道边一个卖棉花糖的一下子吸引了他的目光。随爹逛了大半个集后，他趁爹不注意，偷偷溜了出来。

他找了半天才找到那个卖棉花糖的。他蹲下身来看人家做生意，口水流了出来，打湿前胸。那么大的孩子，口袋里怎会装钱？

卖棉花糖的汉子还是看出了他的心思，晃了晃手里的棉花糖，对他说："小家伙，跟我回家，我让你天天吃棉花糖。"他听了，竟然舔舔嘴唇，直愣愣地点了点头。

卖棉花糖的汉子看了他一眼，诡秘一笑，递过去一个棉花糖，领着他，急急地收摊走人。

那时候，爹正和一个卖镰刀的主儿讨价还价，两人口水满天飞。一转身，发现他不见了，吓得魂飞魄散。

偌大的集市，熙熙攘攘。爹就挤来挤去放开嗓子在人群中喊他的名字。喊着喊着，爹的脸色就变了，黑里透红，红里带紫，难看极了。可是，他怎会看见怎会听见，那个时候他已经牵着卖棉花糖汉子的手，走在另一条回家的路上。

到了人家的家里，手里的棉花糖也全部吃完了，他哇的一声哭了起来，抹着眼泪，终于想起他的爹来。

可是，一切都已经晚了。

一个月后，爹东打听西询问，终于还是从几十里外找上门来。见到爹的那一刻，他几乎没有认出爹来。原来胖乎乎的爹现在又黑又瘦，双眼深陷，胡子拉碴儿，像是一个大病初愈的老人。

爹抱着他，像个孩子，哇的一声，哭了起来，涕泪交加的样子让他有几分生疏——他还从来没有见过爹哭泣的样子。

爹一边抱着他，一边说："想死爹了，想死爹了，再寻不着你，爹也就不活了……"

他抱着爹，胖乎乎的小脸被爹蹭满泪水，脏兮兮的，心里便生出几分不悦。

二

十三岁那年，他到镇上上中学，离家几十里地，每次走，爹都送他老远老远，看不见他的影子了，才转身回家。

他在学校里是思念家的，每个周末都要回家一趟，即便刮风下雨，都没有阻隔他那颗回家的心。

有一年冬天，又是一个周末，天黑透了，班主任才艰难地从口中吐出"放学"这两个字。刚说完，他就迫不及待地冲出教室，骑上一辆老式自行车往家赶。

那时候天黑得就像掉进了深不见底的枯井中，天上一点月光都没有，还冷得要命。刚上路不久，一辆摩托车从对面风驰电掣冲过来，他便躺在血泊之中。再后来，他被人送进了医院，过了一整天，才从昏迷中苏醒过来。睁开眼，他第一句话就是喊爹和娘，他说："爹，娘，我饿了，我要吃饭。"

爹就用一双粗糙的大手把他那只小手紧紧攥住。爹说："行，爹这就给你去买吃的。"他吃了一惊，发现四面发白的墙壁，呆住了。

爹的眼睛肿成了红灯笼，那双握着他的手翻开来满是血泡。原来那天，爹不见他回家，等到半夜等得心慌，忙骑着车向县城奔去。一路上，爹栽了跟头，疼得龇牙咧嘴，可爹不敢耽搁，一骨碌爬起来，扶起车又上路了。爹跑到学校打听了半天，才从一个同学口中得知他一放学就骑车往家赶。这个时候，爹吓得通身大汗，爹猜想，儿子一定是出事了。爹就在他回家的路上，一边走，一边呼喊。

一夜未睡的爹，一直忙到天大亮，来回奔波与寻找，在一个路口，爹发现了一只奇怪的鞋子。只看一眼，爹就流泪了，呜呜哭起来。那只鞋子，爹认得，那是爹在集市上买给他过冬的。再后来，爹就找到了镇上唯一的一家医院，看见了昏迷不醒的他。

那以后，爹就不让他回家了。爹说，冬天冷，黑得又快，就不要回家了。后来到了夏天，爹又说，天热，路上中暑了怎么办。每一次上学，爹就给他准备好了足够他用一个学期的费用，到了假期，再亲自来接他回家。他想，那次，爹是真的被吓坏了。试想也是，那次车祸要不是邻班一个回家的同学发现，说不定他的小命就没了。

不回家，就不用担忧路上的安全。可是，这长长的思念总是让他无法忍受，夜夜他都梦见爹和娘，醒来后让泪水流淌一脸。

有时闲下来，他就想，那爹和娘，想来也和他一样吧。

三

十八岁那年，他考上了一所大学。那所大学离家千里。走的那天，爹又来送他。他望着爹驼着的背，泪涌双眼。他说："爹，我大了，不用你送，再说这也不是我第一次出远门了。"果然，那天只送他到村口，爹就转头回去了。看着爹摇摇晃晃远去的背影，他心里满是苦涩。

爹再也不用替他担忧了。这么多年，离家已经成了习惯。有什么苦他没有吃过，有什么难他没尝过。爹知道，他是属于远方的。那个简陋贫穷的家只属于爹和娘。爹想让他长成一只苍鹰，振翅高飞，鹏程万里。可是爹不知，每一只苍鹰都是一个孤独的斗士，飞得再高再远，都有一颗想家的心。那颗想家的心，天有多高，它就有多厚，路多遥远，它就有多长。

大学生活是多彩浪漫的，那多彩浪漫的生活让他暂时忘却了思念之苦思念之痛。只有每个月到银行取来自家乡的汇款时，他的心才沉甸甸的。只有这个时候，他的心才翻山越水，千里迢迢，回到家乡，把爹和娘的心抚摸一遍，感受一下他们的那份沧桑和荒凉。

有一年，大学城里要建一座大楼。他走过去看，忽然看见一个熟悉的身影。那个弯腰驼背的人正在搅拌机前忙碌，一身尘土，满脸汗渍。他只看了一眼，便转身走了，一路上他不停地流泪。那个身影既陌生又熟悉，不用走近看，他就敢断定那一定是爹。

再后来，他就夜夜无法入睡。原来，他以为家在千里之外，可是现在他认为家就在身边。因为是爹把家的气息从目所不及的远方带了过来。可是，爹却不愿找到他，看他一眼。

可是，于爹而言，那是一份怎样无法割舍与纠缠不清的思念呀！

再后来，那个工程竣工后，那个身影就不见了。这期间，爹没有来找过他，他却无数次在远处向爹张望，然后泪眼汪汪。

四

三十岁那年，他在远方的大城市买了一个小房子，然后结了婚。于是，一个家，就变成了两个家。

这个时候，回家就成了一种奢望。每隔一段时间，他就要向家打一个电话。只有到了过年，他才风尘仆仆地赶回去，和爹娘团聚一下，然后再分开。

这个时候的他，离家已经好多年了，那颗孤独漂泊的心就像漂在大海上的一叶孤舟，越漂越远，而那远处温暖的家的港湾几乎成了遥不可及的远方。这个时候，远方不再是远方了，家却成了心中永远的远方。

有一年春节，他赶着春运大军挤火车，火车半路遭遇暴风雪，一场百年不遇的雪灾让回家成了一种奢望。火车停在半路，无法前行，他下了火车，步行数十里，改乘汽车继续赶路。一路上，不停地倒车，把他倒得心急如焚、晕头转向。

终于到家的时候，已经是大年初一的下午。

盼他回家，爹和娘从年二十三就开始往村头一趟趟地跑。为了等他，年三十，爹和娘一夜未睡，初一的饺子是热了又热，最后烂成了一锅粥。

那天，他吃着热好的烂饺子，幸福得笑出了眼泪。

五

四十七岁那年，有一天，他在单位上班。娘从家里打来电话，说爹病了，而且病得很重，再不回家看一眼，以后就没得看了。

他的眼泪一下子就冒出来，再也止不住地流。

他抛开繁忙的工作，连夜赶火车回家。

一路上，他没合一次眼。他不停地打电话，询问爹的病情。

娘说："你快点来，别耽搁，你爹硬撑着，等你回家呢。"

那次他几乎是长着翅膀回的家，那个长着的翅膀，是一颗飞越千山万水的心。

昼夜不息，日夜兼程。终于在一个深夜，他疲惫不堪地迈进了家门。

他哭着喊着，推开家门。可院子里冷清得一点儿声音都没有。漆黑的屋子里，坐着面色苍白一脸木然的娘。

他还是晚了一步。那时爹已经断了气，一身冰凉。

爹油灯熬尽，躲过了一次次死神的呼唤，最终，也没在生前，再看他儿子最后一眼。

点 评

> 人生最大的遗憾莫过于在亲情的路上迷途。子欲养，亲不待。遗憾一旦成为现实，就像一块伤疤，永远无法恢复原状。很简单的故事，寓意却很深刻。最后的令人痛心的遗憾，使人警醒和深思。文章的写作，不见得就要圆满，不圆满和遗憾，有时候更能抵达现实与情感深处。

背楼的父亲

作家心语：父亲是什么？父亲是家庭的依靠。是托起家庭一片蓝天的那只大手。

装修新房，联系好了建材。但货物送到的时候，太阳已经高高挂在了头顶。拉货的师傅在楼下向我招手，我怒气冲冲往楼下赶。我冲他发火。他赔着笑脸解释："风大，货不好拉，走得慢。"

我余怒未消，吵着说："下午还有事出去，这么晚，让我下午怎么做别的事情？"

他并不生气，一面带笑给我验货单让我验货，一面应承，马上找人背楼。

他开始打电话，一个个电话打出去，很快，我发现他刚才还堆笑的脸，渐渐转为不悦和失落。

"什么？忙……来不了？……你也有活儿，在做？……那，那，算了……"

电话打完了，他垂头丧气。

我失望极了，摆手让他离去。他忽然精神振作起来："别怕，我背。"

"你行吗？"我用怀疑的目光上下打量他，他脸色白净，头发乌黑利落，一米八的身高，着一身整洁的笔挺西装。

无奈，对照着验货单我一样一样查验货物，又商量好背楼的价钱。满满一车的货物，堆得像座小山。他一脸喜悦。在我狐疑的目光中，他搬卸货物，开始背楼。在他离开的瞬间，我偷偷尝试一下他所背货物的分量，放在肩头，走上两步，然后龇牙咧嘴地放下，再轻轻揉揉肩膀。

在我看来，他怎么都不像是专业的背楼工人。果然，来回背了几趟货物后，他站在楼道里背靠着墙大口喘气，胸脯一起一落，像个大风箱，额头的汗哗哗淌下来，在弯腰的瞬间，将楼道的地面滴滴答答打湿一片。

四月的天，已经热起来。他跑上跑下，很快湿透衣衫，连头都冒着热气，极像一个揭开盖子的大蒸锅。

不久，他上来喘气休息，不好意思起来，说等背完还要一些时间，让我先回去吃饭，他搬完了给我打电话。

看他真诚的样子，我就下楼走了。

小区外面不远处就有一家小饭馆，我走进去，坐下来要了啤酒小菜慢慢吃起来，大约一个时辰才离去。回去时走到楼梯口又遇见了他。此时，他早已累得不像样子，一米八的身子驼成了矮子，满脸汗渍，横七竖八地画在脸上，上起楼来东摇西晃，像散了架的推货车。我伸手帮他，他摆手让我上楼等。

我看着他有些心痛，为了背楼他已经干了一个多时辰，至今还饿着肚子。在他上楼将货物背进屋子里的时候，我劝他休息一下。他依旧斜靠墙大口喘气，随手拉下脖子上的已经黑了的白毛巾，轻轻抹去脸上的热汗。

我和他搭讪："师傅，生意好吗？"他说："还可以。"我说："你拉货还背楼？"他说："是，现在谁家拉货不背楼，也算是顺道的生意，一并做了。"我说："师傅，你今年四十几了？"他忽然一惊，说："哪呀，五十多了。"我说："不像，真不像。"他笑了，说："别不信，我孩子都上大学了。"他忽然开始感慨起来："要不是为了孩子，谁会做这苦力活？"他和妻子原来在市里一家机械厂工作，坐了三十多年的办公室，没想到要退了却下岗了。"这不，孩子上大学不干行吗？"

那天，他干干停停，直到下午两点方才干完。走时我多给他十元，他坚决不收。他下楼，我送他，眼眶湿润润的。

他走后，我开始收拾东西准备下去，忽然发现他遗落在窗台上的手机，跑下来叫他，他已经望不见了。我开始用他的手机和他的亲人联系，拨出去，才知道电话停机了。

莫非，中午他打电话的那一幕，只是一场表演给我看的戏？

果然，在通话记录中，我看到，他最近一次通话时间定格在20：32。

我笑笑，又摇头，满腹酸涩。我忽然间想起了自己的父亲——我上学时候，父亲，和他，一样地拼命。

★ 点 评

好的故事需要主线，就如这篇文章写了两个故事，前面的故事只是一个引子，关键在于后面的故事。故事前后有一条线，是爱，把两个故事串联起来，形成一个有因果关系的整体。最后的地方再荡开一笔，写出世间父亲的共同处，使得文章的立意进一步拓宽。

娘的心思

作家心语：娘的心思是一个难猜的谜，不管谜面怎么变，谜底永远是"爱"。

娘老眼昏花满头白发。娘瘦骨嶙峋皮包骨头。娘成了一副被枯枝挑起的衣架，风一吹，就开始飘呀飘摇呀摇。

娘躺在床上不停地咳，吱呀吱呀，床被娘摇得唱起了欢快美妙的歌。咳，咳，咳……娘咳起来浑身抖动，像在筛刚打下的秕谷，娘每咳一次就有一把又扁又小的秕子漏下来，白的红的黑的紫的，五彩斑斓，撒了一地。

娘叫："柱子，柱子，柱子。"柱子就一路小跑到娘面前问："娘你咋啦，咋啦？"

娘有气无力地说："娘老了，娘想你爹了……"

娘的话还没说完柱子就跑出去老远。柱子边跑边说："娘你别说了，儿懂你的心思。"

柱子跑到村里的小卖部，买了烟，买了酒，买了猪头肉，还买了爹爱吃的咸鸭蛋和臭豆腐。

柱子来到爹的坟头扑通跪下，把头磕得咚咚作响。柱子把猪头肉咸鸭蛋臭豆腐摆满爹的坟头。柱子为爹点上一根烟，放在爹的石碑上，说："爹你抽烟。"柱子倒了一碗水酒，洒在爹的坟头，说："爹你喝酒。"然后柱子捶胸顿足放声大哭："爹呀爹，娘想你了，你知道不，知道不……"爹坟头的野草就在风里呼啦啦作响，向柱子招手。

柱子看爹回来的时候眼里噙满泪水。柱子提着哭腔对娘说："娘，我去看爹了。"娘听了，嘘出长长一声叹息，娘说："嗨——，柱子呀柱子，你要娘怎么说你？！"

柱子哭了，泪水和着鼻涕流了一脸，呼哧半天。

柱子今年三十八了还没娶媳妇，柱子长得五大三粗高高壮壮，柱子不呆也不傻。柱子捏着哭腔说："娘，儿明白你的意思。"说完后腾腾跑到院子里干起活来。柱子把院子扫得一尘不染。柱子把屋子里院子里的水缸加得满满。柱子把猪喂了，把鸡喂了，把自己喂了，然后端一碗稀饭给娘喝。娘撇一撇两片发扁的薄唇，轻轻打开一张黑洞似的嘴，吸溜吸溜，把粥喝得山响。娘不想死，娘想看柱子吹起喇叭嘀嘀嗒嗒把媳妇娶回家。

娘生了气，娘说："柱子，你走吧，别再让娘看见你，走得越远越好，走出这穷山沟沟。"

柱子说："娘，儿懂你的心思，儿子这就走。"

柱子走后娘的病一下子好了许多。柱子走后娘情不自禁地开始想柱子了。夜黑漆漆的，一闭眼全是柱子的身影儿。想柱子了娘就唤儿子的小名，狗儿，狗儿。一唤狗儿狗儿，柱子像被施了魔法，眨眼间立在娘眼前。柱子买了娘爱吃的葱花大饼和糖果糕点，背着包，站在娘面前笑嘻嘻看娘。"娘，吃饼。"一句话把娘逗乐了。娘一脸褶子倏然间开出一朵朵打碗花。娘张着掉牙漏风的嘴说："柱子有出息了，柱子有出息了。"

柱子去了城里打工，十天半个月回家看娘一次。柱子给娘说在一家金店当保安，可舒坦了，老板信任他，还把店里的钥匙交给他保管。娘听了高兴得直咂嘴儿，娘说："那敢情好，那敢情好。"

那天，娘刚躺下，没喊狗儿狗儿柱子却回来了。

柱子喊："娘，娘，我是柱子，快开门呀。"

门吱呀一声开了，一团黑影儿跌撞着进了屋。是柱子。

一脚门里一脚门外，伸出半个脑袋，东张西望半天，柱子才合紧门缝。在灰暗的灯光下，柱子抖开一个包裹，哗啦倒了一桌子。满桌子金灿灿的，闪着夺目的光芒。柱子对娘说："娘，娘，我们发财了。"娘愣住，把眼睛眯成一条细缝。娘哆嗦成一团，把话摔成八瓣。娘用食指指着柱子的鼻子说："你，你，你呀你……柱子，柱子呀柱子，你、你傻了吧……"

柱子上前用手堵了娘的嘴。

柱子说："嘘——娘你别管，这事儿与你无关，娘，家里没水了我现在去挑。"柱子甩开膀子去挑水，把屋子里的水缸灌满又把院子里的水缸灌满，水哗啦啦淌了一屋子一院子，像极了娘脸上淌着的泪水。

柱子走了。娘的心却一下子空了。

夜又黑下来时，娘的心成了一个没有尽头的黑洞。娘想柱子了再喊狗儿狗儿，可许多天都没见柱子。

娘再见柱子时，柱子的手上多了一把闪亮的铐子，身后多了两个黑影儿。柱子说"娘，儿不孝"，转身领人直奔院子。柱子让人倒掉了水缸里的水，挪了水缸的底，抓起一个袋子就走。

柱子入狱的事儿在村子里传开了，娘就一个人躲在屋子里骂："柱子呀柱子，你个王八蛋不是人养的货，你咋就不懂娘的心思呢？"

夜黑漆漆的。门被人用力敲开。这次柱子没来，来的是两个警察。

警察虎着脸问："赃物在哪儿，快说。"

娘不吭声。

警察亮了证，开始在屋子里搜。

警察走的时候又找到一个布袋子，在娘的床底下。布袋里面金灿灿的。警察走的时候带走了布袋子，还带上了老眼昏花头发雪白的娘。

金店盗窃案告破的消息很快登上了报纸，大家读了都笑不起来。十斤被窃黄金分两次被全部追回，第一次六斤四两，第二次三斤六两。

柱子和娘在监狱里见了面。柱子哭着问娘："娘你咋动了那东西呢，这些东西你不能动呀！"娘哆嗦半天，才对儿说："儿啊，人家不是说东西越值钱就判得时间越久吗，娘是想帮你一把呀！"

"真糊涂呀，娘……"柱子抱娘大哭。娘就用一把如柴老手轻拍儿子的后背。

娘说："狗儿，狗儿，你咋不懂娘的心思呢？你咋不懂娘的心思呢？……"

★ 点 评

这是一个令人纠结的故事，故事中有暖意，但也有令人深思的疼痛。面对亲情的暖，我们该怎么回报长辈的期望与关爱？当孩子走入歧途，做父母的又该怎样教育他重回正途？没有一颗善良、正直、无私的心，爱的天平在现实中就会倒向邪恶一侧。文章企图唤醒在经济社会浪潮中人们渐渐迷失的灵魂。

暖脚

作家心语：岁月如歌，老去的是时光，不老的是情怀。

娘老了，满头白发身如弯弓，还病了，面成菜色瘦如薄纸整宿整宿地咳嗽。病了的娘咳得很厉害，咳起来声大如雷气壮山河，连房子都跟着一颤一颤的。有一次，夜里，娘还吓跑了一个入室盗窃的贼。贼一露头便被娘瞧见了。娘边咳边说："想拿什么……就拿什么吧……别客气……最好……把我的命……也拿去……我这老太婆……就不用再遭罪了。"那贼听了娘的话，一缩脖子就不见了。

为给娘看病，柱子弄来一堆草药，天麻麻亮，就爬起来给娘熬。

娘喝药如同吃饭，一日三顿，从太阳初升一直喝到夜幕降临。每到晚上给娘喝药时柱子就会说："娘，你别担心，再喝这一碗你的病就好了。"娘没听见，娘正在拼命地咳嗽，她一手撑着床，腾出另一只手用来捂住胸口，生怕把心和肺一不小心给颠出来似的。每次咳完娘的脸就红扑扑的，像喝了小酒。咳一阵子然后歇息一阵子，中间的时候，娘会用这难得的大好时机大口大口地喘粗气。娘也会和柱子说说话，可话说到半截，总被突如其来的咳嗽声打断。后来，娘干脆就不和柱子说话了。

娘病很久了，总也好不了，还怪得很，夜幕一拉下来病就来了，等到夜幕退去，天光放亮，娘的病就好了。天亮了，咳了一夜的娘累了，终于闭上眼睛睡着了。这个时候的娘就不咳了，红扑扑的脸，粉粉的腮，娘像一个刚刚出生躺在大人怀里的婴儿，甜甜地睡去。

柱子不愿打搅娘的美梦，柱子会走上前给娘理顺纷乱的鬓发，然后轻声唤娘，柱子说："娘，天亮了你起来吃口饭吧。"娘不理他，娘睡得正香还打着呼噜呢。睡着的娘也会翻身，一翻身，她身下的木床就吱呀吱呀地响，像在受一场无法忍受的酷刑。那是一张比娘岁数还要大的物件，祖爷爷传给爷爷，然后传给了爹。爹死得早，柱子八岁那年爹就病死了。守寡的娘拉扯着柱子生活，一晃三十多年过去了。

深冬的夜晚特别冷。夜深了，柱子去看娘，发现病了的娘第一次在夜晚有了睡意。她合上眼，面目安详，连咳嗽都止住了。柱子决定趁娘睡着的时候出去给娘再抓一些草药。虽然那些草药很金贵，但娘需要，虽然那些草药治不了娘的病，但能拖住娘的命。要是没那些草药，娘早就走了。

后半夜柱子裹挟着一阵冷风推开屋门。门吱呀一声脆响，把娘惊醒了。一进屋，就听见娘在叫他。

娘说："柱子呀，就别再弄那些草药了。再吃，娘的病也好不了。"

柱子咧嘴一笑，说："娘，你放心，再吃几服，你的病真的就好了。现在，你不就不咳了吗？"

娘说："不吃了不吃了。省着给你娶媳妇吧。你也老大不小了。"

柱子说："娘，不急。等你病好了就娶。"

娘说："柱子呀，我白天的时候梦见你爹了。你爹说他想我了，叫我过去陪他。"

柱子一听就流泪了。

娘说："柱子呀，娘今个儿咋觉得冷呢？冷得我直哆嗦。我的脚咋像戳进了冰窟窿里。"

柱子说："娘，你别怕。我给你暖暖脚吧。"

后来柱子就坐在娘的床边，揭开自己的棉衣，掀开娘的被角抓住娘的小脚，慢慢塞进自己怀里。一塞进去柱子才发现娘的那双小脚可真小真瘦呀，一点儿肉都没有，还凉得要命。柱子捂在怀里就像怀里戳着两根干柴棍子。握着娘的脚，柱子就想起自己的小时候，天冷的时候，娘也这样给自己暖脚。柱子把肥嘟嘟的小脚丫探进娘怀里，紧贴着娘的肉，有时放在娘白皙柔软的肚皮上，有时会蹭着娘鼓囊囊肉乎乎挺拔的胸脯。有一次，柱子有意把脚探到娘的胳肢窝挠娘的痒痒，娘就嘎嘎地笑。

想着想着柱子靠着床头睡着了，打起了呼噜。可梦中的他还忙碌不停，他劈柴或者下地，做饭或者洗衣，清扫或者挑水，买药或者熬药，唱歌或者哭泣，欢笑或者发呆……再怎么忙碌，柱子总不忘给娘熬药。那些采来或者买来，甚至是赊来的，白的，黄的，黑的，紫的，柴木棒状、块状以及粉状，形形色色，林林总总，五花八门的草药，顺着柱子抖开的纸包角缓缓滑进药锅里。盛了药，添瓢水，再拾起一把柴火投进炉里，就开始熬药了。不一会儿，锅口就开始咕嘟咕嘟地冒气泡。那些冒着的气泡，咕嘟，咕嘟，咕嘟嘟，咕嘟嘟，唱着快乐或悲伤的歌。很快屋子里就烟雾缭绕弥漫着呛人的中药味。药熬好了，倒出来，凉好，柱子把药端到娘床头，把娘唤起来，一口一口吹去碗口的热气，再尝一口，然后才一勺一勺把药送到娘的嘴边。娘张开扁平的嘴吸溜吸溜地喝，两腮塌出深不见底的坑。后来呀柱子还梦见了爹，弯腰驼背瘦骨嶙峋的爹。爹眉宇间还有几丝英俊的气息尚存。那时娘鲜嫩得如一截洗净的白藕，柱子还是一个穿开裆裤四处乱跑的娃……

娘在后半夜醒来。醒来后，娘没叫柱子。娘知道柱子太累了需要休息。娘只是从柱子怀里慢慢抽去干瘦的双脚，然后使尽全身力气把柱子的双腿搬上床来。娘脱去柱子脚上的鞋和袜子，还轻轻掸去上面的尘土，看尘土在烛光中飞舞。后来，娘细眯起眼睛，用那双枯瘦的手反复摩挲着柱子的大脚，像在把玩世间珍品。看够了，才把它们放进被窝，裹进自己怀里。

那个晚上不再响起娘忧伤的叹息和无休无止的咳嗽声。夜晚第一次给这个摇摇欲坠的家庭呈现出它安逸宁静祥和美好的一面。

天亮了。柱子在一束阳光中慢慢醒来。醒来后他发现自己正躺在温热的床上。床上散发着温暖腐朽的气息。那时候柱子的双腿裹在被窝里，双脚被娘紧紧抱在怀里。用了好大劲那双大脚才挣脱娘的怀抱。抽出被窝时，那双大脚还热乎乎的，正冒着丝丝热气。可娘的身体却已经僵硬冰凉。

★ 点 评

这篇文章的渲染力很强，笔触很温暖而细腻，特别是故事情节，像一部讲述乡村生活的电视剧，将一幅幅感人的生活场面徐徐地展现在读者面前，使我们在具体可以感知的生活中，感受那份被我们忽略的亲情的暖和亲情的真。整篇文章有一种语言的张力和情感的感染力。

青春期的那颗朱砂痣

作家心语：匆匆那年，多少人与事都已成过往，心中留下来的唯有年少的情怀与不变的关怀。

十三岁那年我在一所乡村中学读初中二年级。因为结识太多混日子的死党，整个人几乎是疯掉了。于是学业一塌糊涂，几乎所有科目都亮起了红灯。

那时，旷课、逃学、打架，和老师顶嘴几乎成了我全部的校园生活。为了管教我，班主任决定把我孤立起来，并告诫班里其他的学生一概不许理我，我的座位因此也由前三排，一下子移到了最后一排的一个死角。我成了一个无人理会的孤家寡人，每日，无聊的时候，只能与墙壁默默交谈。

那天，班主任贾老师领进来一个瘦瘦的女孩子，对大家说她叫江南，新转来的。我抬头望了望她，然后用玩世不恭的目光盯了她一眼就不再理会了。的确，不可否认，她是一个十分漂亮的女生，她的洋气长相与装扮立刻把她与班里那些丑小鸭区分开来。可是，这又与我有何相干呢？

可是，我错了。因为座位刚刚调过的缘故，无奈，班主任只好把江南安排在我旁边的空位坐下来。江南的到来让我立刻不自在起来，尤其是和一个美丽的女生坐在一起，让我芒刺在背坐立不安。

据说，她的成绩超好，从市里一所重点中学转学来的。这样的情况更加让我汗颜。

第一次因为这样一个特殊的女孩子，我开始有了几分收敛。第二天，我偷偷换了干净的衣服，并理了短发，还第一次破天荒地把上课用的所有资料全部带齐。在那个偏僻的角落里，第一次听她用优美的普通话回答问题，第一次看她把一本钢笔字帖放在书桌上练习书法，心中竟然有了几分莫名的激动。

可是，仅此而已，仅此而已。我依然是老师黑名单上的坏学生，依然没有一个朋友。

"喂！你的画还蛮特别的。"自习课上，她轻拍我的手臂，指着我在数学课本上胡乱涂鸦笑着说。

"有什么特别的，垃圾。"我虎着脸看都没看她说。我的回应令她有些吃惊，她呆呆看我一眼然后不作声了。

她的到来让班里那些调皮的小男生找到了新的捉弄对象。下课铃声刚刚响过，她的座位周围立刻就围满了男孩子。他们大喊大叫吵翻了天，而她红着脸低下头不去看他们。我看不过去，瞪着眼一挥拳将他们全部赶跑。

上课的时候，她偷偷递过来一张纸条：谢谢你！而那张纸条，让我的心又有了温暖的感觉。

从此，我开始装模作样地听课和写作业。只是因为基础太差，分数多数在60分以下徘徊。她把她记录的课堂笔记拿来给我看，并指着画有标记的地方说："这些题做会了考个及格分应该没问题。"

果然，在她的帮助下我的成绩突飞猛进，月考的时候，竟然有两科突破了60分。拿到卷子的时候，我尽量克制自己不要露出扬扬自得的样子。江南却笑着对我低声说："你真是个天才，稍一努力成绩就上来了，真羡慕你。"我冲她笑笑，露出感激的神情。

这时，她偷偷塞给我一张纸条。我打开看，上面写着：加油，你一定行！望着她明亮的眼睛，我心里有说不出的感动。

因为她的鼓励，那些苦涩艰难的学习也变得有了几分乐趣。我甚至放弃课间出去"放风"的机会，坐在座位上埋头苦读。第一个学期结束的时候，我竟然考进了班级前二十名的行列，这让所有任课老师都大吃一惊。就这样，我由一个糟糕透顶的坏学生实现了华丽转身。升至初中三年级的时候，我的成绩几乎和她并驾齐驱，成了令人羡慕的好学生。

那段日子，我发现自己的人生重新有了意义，甚至感觉自己成了一个发光体，整日充满了能量。

初三下学期，每个人都在为中考拼命学习的时候，有一天，我却听到了江南离去的消息。班主任贾老师站在讲台前对大家说，因为江南父亲工作变动她已经转学离开了。那天，我坐在没有江南的教室里，在恍惚之中度过了我学习生涯中最为难熬的一天。

江南走的时候没有说一句告别的话。我唯一保存下来的是她留给我的两张纸条，一张写着：谢谢你！一张写着：加油，你一定行！

带着她的鼓励，我继续努力前行，之后进入重点中学并顺利考上大学。

江南成了我青春期里的一颗朱砂痣，让我刻骨铭心。青春期里那种懵懂的感觉真好，可以激励一个迷途少年重新站起不断前行。

可是我知道，那种美好的感觉并不是爱恋。而是，一个青春对另一个青春最美的祝福，就像一棵树望着另一棵树一起成长那样的美好。

★ 点 评

青春是美好的、动人的，这篇文章就用清新的语言和亲切的故事，唤醒了这份美好的感觉。难能可贵的是，作者不仅仅停留在故事的讲述中，还融入了感人的情感和深刻的感恩。文章末尾的点睛之笔，感悟独特且深刻，让一个略显平凡的故事有了动人的力量。

闯关游戏中的父亲

周末，陪女儿到公园玩"智勇大闯关"。

穿过几条林荫路，我们很快就来到了目的地。这时训练基地已经聚集了不少在做挑战游戏的孩子。女儿一进去便兴奋得跑来跑去，一个一个去尝试。有的，她应对自如，有的，她畏惧不前。为了激励她，我还陪着她一起攀爬过一张十几米高的大网，边爬边给她鼓劲。攀爬到最高处的时候她战战兢兢大呼小叫，经过一番努力才艰难过关。

看她多数项目都能应对下来后，我才坐在一条长凳上休息，看书，偶尔抬起头，瞥上几眼。

接近中午的时候，玩累的孩子陆续离去，空旷的园子里只剩下几个孩子还不想离去。这时，一对父子引起了我的注意。男孩约莫六七岁，白皙，瘦弱，看样子不擅长运动，在过"泸定桥"的时候直愣愣站在桥头不敢抬脚。几十米长用钢丝穿木板做成的软桥，晃悠悠的，因为他的担忧，在他脚下荡成一副小秋千。他的父亲就站在"桥下"注视着，给他鼓劲。

"再过这一关就是大满贯了，儿子，爸爸相信你。"父亲是一个穿运动短裤和运动T恤的中年人，头上还戴着球帽，健壮的肌肉从衣服里凸显出来，看样子是一个运动健将。他边说边挥舞着手臂，很像一个职业教练。

男孩在他的鼓励下挤出几分苦笑，颤巍巍抬起脚开始向前迈步。他的动作太谨慎了，还有些夸张与滑稽。软桥因此晃荡起来，根本无法保持平稳，男孩干脆弯下腰蹲在软桥上，用双手牢牢抓紧脚下的木板。远处几个玩耍的孩子也围过来看热闹。有几个调皮的孩子还排在男孩后面着急地催促。男孩就更不敢动了，蹲在晃荡的软桥上不知所措。几个疲惫的家长也被这一幕吸引了，抬起头，目光齐刷刷聚过来。有的还笑出了声。

桥下的父亲却并不着急，一副胸有成竹的样子："别怕儿子，现在站起来，一步一步踩在木板中间。后面的小朋友帮叔叔个忙，先下来，让小弟弟一个人闯关。"

几个孩子听了，笑嘻嘻从软桥上退下来。

慢慢地桥不再晃了，男孩鼓足勇气站起来，一步一步小心谨慎地向前走去。整个过程，他走得并不顺利，他站起来又蹲下，走走停停，在晃荡最厉害的中途还差一点从软桥上掉下来。可是在父亲的一再鼓励下，终于还是走完了全程。走到终点的时候，父亲很激动，抱起儿子狠狠亲了一口。

接下来，在父亲的鼓励下，男孩又开始玩渡"大渡河"。"大渡河"也是一座软桥，与"泸定桥"不同的是，"泸定桥"是钢丝穿木板，而"大渡河"则是钢丝穿小汽车轮胎，过关难度似乎更大一些。

果然，男孩一脚踩上去，软桥就开始剧烈晃动。为了不掉下去男孩赶紧蹲下身子不动了，之后任凭父亲怎样鼓励，他都不敢迈动一步。着急的父亲先是站在桥下指挥，后来又站在桥对面指挥，最后站在男孩对面的"泸定桥"上，和儿子并肩作战。

父亲示范一步，儿子迈出一步，一步一步缓慢移动。过了一段时间，男孩和父亲都移到了桥的中间。两座软桥都开始明显地晃动，男孩又蹲下身子抓紧轮胎，父亲却是一副大将风度沉稳地站立着。

"快站起来，走过这一段，后面的路就好走了。"父亲坚定地冲男孩喊。大家都被这位父亲的举动感动了，投来的全是敬佩的目光。有几位家长和玩耍的孩子也加入到鼓劲的队伍中来。

"站起来，别怕，孩子！"

"小哥哥，站起来走几步就过去了。"

……

众人的鼓励起了作用，男孩慢慢抬起头直起腰，他白皙的脸上流着紧张的汗水。

男孩平展双臂在晃荡的桥上小心翼翼地迈步，大家紧张得都不敢出声，仿佛任何一点声响都会加剧桥的晃动。就连做教练的父亲这时也停止了脚步的移动。

一步，两步，三步……直起腰，蹲下来，再直起腰。接近桥头的时候，男孩的恐惧明显减少了，飞快一个跨步，踏在了软桥尽头的铁栏杆上——男孩闯关成功了。

刹那间掌声响了起来。男孩的父亲也笑着鼓起掌来。

"别动！不要过来！"掌声刚落下来，男孩的父亲忽然大喊起来。

大家吓了一跳，看过去才发现，不知道什么时候，一个调皮的小男孩站在木板软桥上轻轻地晃动，一脸调皮的坏笑。站在桥中间的大人因此紧张起来。

"别动，千万别过来！快停下脚步……"那个男孩的父亲显然被吓坏了，挥舞着双手做出"不"的动作，双腿开始不停地抖动。

小男孩并不管他，轻轻上下跳起来。软桥更加剧烈地晃动起来。

"啊——"一声尖叫，中年男人从桥上掉下来。

大家都哈哈笑起来——不承想，那位貌似运动能力极强的父亲，原来平衡能力这么差！

那天女儿玩得很开心，走出公园的时候，她牵着我的手甜甜地对我说了一句话："爸爸，节日快乐！"我愣住，转头不解地望向妻子，然后猛拍一下头，恍然大悟。

那天是六月的第三个周末，一年一度的"父亲节"。

点　评

　　父母都是善于伪装的人，看似强大自信、无所不能的背后，或许会是胆怯、不安与力不从心，可是在孩子面前，他们永远想展现出最完美的一面，给孩子做出示范。这篇文章会给热爱写作的读者带来一种启示，原来，展现亲情的伟大，不光可以写出正面的故事，还可以挖出背后的故事。

城市里的庄稼

作家心语： 离开了熟悉的土地，心灵就会无边地流浪。

一

夏天的时候，他把父亲从农村老家接来城里住。短短几天，父亲就成了一条脱了水的鱼儿，全然没了精气神。

父亲闷在屋子里抽旱烟，一语不发，烟雾缭绕着将客厅慢慢笼罩。早晨上班，他为父亲打开电视解闷儿，晚上下班回来，发现父亲还坐在原地，而电视荧屏里正上演一部原版美国电影，叽里呱啦，把家吵翻了天。他看了，把头摇得像拨浪鼓。

起初，他以为是父亲想母亲了——母亲刚刚过世，家里只剩下了孤独的父亲，没人照顾，他才把父亲从老家接来。

为了开导父亲，闲暇时，他带着父亲开始熟悉周边的环境，告诉他这是什么街，那是什么巷，小区外面的几条路口都有哪些明显的标志。父亲操着一口浓重的乡音，挤着眉头，和用普通话说话的他交流学习心得。解放路、幸福街……一条街道一条街道地走下去，父亲佝偻着身子边走边背，活脱脱一个小学生在上课。那一瞬，他觉得又好笑又可悲，仿佛父亲就是被移植到城市里的庄稼，水土不服，孤苦无依。

费了九牛二虎之力，父亲终于算是熟悉了环境。他开始走出家门，孤独地游走在城市的大街上。有时，也停下来，看路边的老头儿下棋，急不可奈时，就插上一句话——"这样下不得。"浓重的方言把下棋人吓了一跳，抬起头诧异地看着他。父亲就愣住，尴尬地站着，笑笑，然后转身匆匆离去。

父亲也曾尝试向他上班的地方找去，可多半的结果是连回家的路也找不到了。被好心人送回家的父亲显得格外郁闷。

二

碰过几次壁后，父亲就吵着回老家。

"老家有什么好？"他生气地向父亲吼。

"老家是没城里好，可老家有地，有鸡和狗。"父亲掷地有声。

"可老家没亲人照顾你呀。况且你年龄大了，也种不了地，待在老家干什么……"他不依不饶，滔滔不绝。

"可我在城里快要憋疯了。"等他的长篇大论讲完后，父亲终于愤怒地发出了最真实的心声。

他被父亲的话镇住，开始沉默不语，低下头，想着什么。

第二天，家里多出一条小狗来，是一条长不大的长毛宠物狗。他对父亲说："城里没办法养鸡，你就将着养狗吧。好歹白天也跟你是个伴儿。"

他上班后，父亲就带着那条宠物狗在小区外面遛弯儿。父亲走得很快，小狗跟得也很快。父亲加紧脚步，小狗快步跟上。父亲摆出一副欲要脱身的样子，可怎么做也无法做到。在外人看来，这怎么看都不是在遛狗，而是在遛人。父亲不喜欢狗，几次在回去的路上用脚狠狠地踢它，赶它走。小狗发出几声惨叫，跑出老远，扭回头抖抖身上的毛，鼓起眼睛瞪父亲。父亲就追上去又是一脚。父亲决定把小狗弄跑。在他看来，遛狗属于古代没事儿干的少爷们干的事，在农村也就那些二流子玩这些，他怎么能和他们"同流合污"？

几天后，他回家，家里只有父亲孤独的身影，没了小狗的踪迹。他就问："小狗跑哪去了？"

"丢了。"父亲冷漠地回答。

于是，父子就开始陷入长长的无声的对峙中。

三

后来，他又尝试拉父亲到小区里的棋牌室玩儿。棋牌室坐满了老头老太太，打牌的打牌，下棋的下棋，聊天的聊天，个个趾高气扬，快乐无比。可只待一会儿，父亲就找借口说太吵，把他留下甩手走了。他不知道，在父亲看来，那些城里的老头老太太怎么会和一个乡下老头玩呢？

那天回去后，他和父亲狠狠干了一仗，吵得天昏地暗，日月无光。末了，他说："你来城里就必须学会适应，难道还要在老家待一辈子？如果你不愿意照我说的做，怎么生活你随便，反正你不能回老家。"

父亲从此又回到了原来的生活中。他上班后，就独自一人开始漫无目的地在城市里游走。

四

转变是在某一天。他回家，突然发现父亲脸上露出了久违的微笑，就高兴得合不拢嘴。后来，他还发现，许多次，在回家的路上父亲哼着小曲，高兴地和小区里的邻居打招呼。

父亲的改变，让他既快乐又不安。快乐的是，以后他再也不用为父亲发愁了，不安的是，父亲刚来城里，老实巴交的，会不会上了骗子的当。

那天早上，他告别父亲后上班走了。刚出了小区，他就打电话和公司的领导请假，然后躲在一个商店里偷偷向外窥视。父亲从小区里出来后，他开始跟在父亲的身后，一路尾随。

父亲很熟悉地走街串巷，一会儿淹没在人群中，一会儿又闪现在十字路口无助地张望，仿佛在等一个人……

接近中午的时候，父亲终于停下脚步，站在穿城而过的河边，手扶栏杆向河里张望。

他急出了一身冷汗，以为父亲要寻短见。正要张口喊父亲时，他看见父亲又开始沿着河岸向下游走去，才放下心。

在河堤的一个拐角处，父亲终于停下了脚步，把眼睛定格在河里，脚步再也没有挪动。

父亲张望了很久才转身离去。走时，笑意已经荡漾在父亲的脸上了。

父亲走后，他走到父亲站着的位置往河里看。河里只有浅浅的略显浑浊的河水，除此以外，并没有什么奇特的。

他终于放下心来，迈着轻快的脚步往回走。

五

那个夏天，父亲和他相安无事了很多天。

那个夏天，父亲的笑脸飘过小区每个角落。

那个夏天，城市下了几场暴雨。每次暴雨倾盆，父亲都冒雨出去。

有一天晚上，冒雨回来的父亲脸上突然没了笑意。他的心就咯噔了一下。

夜里，他听到父亲的梦话："玉米淹了，玉米淹了，快救救它们……"

他忽然就忆起一些什么。前一阵子，在父亲站着的河岸边，他看见几棵一人多高的玉米，从河堤下方没被水淹没的石头缝隙里冒出来。那几棵玉米，叶子绿得发暗，不大的棒子在风中飘摇着，倾斜的身子几乎要倒进水里……

父亲再一次沉默起来，像是一只将要冬眠的青蛙。他急得团团转。

不久，他请了假，在家里忙碌起来。他请了花店的师傅送来了十几个花盆，又托朋友从乡下运来几包肥沃的泥土，还在种子公司买了少许的种子。父亲的庄园，就这样在自家狭小的阳台上建成了。

每天回来，他都要问父亲庄稼的长势。父亲则会乐呵呵地轻轻回答他。

转眼又到了春天，那些盆栽的麦苗，长得郁郁葱葱，绿得晃人的眼睛。父亲的眼睛终日闪着亮光，把细微的笑藏在眼角里，格外动人。

点 评

　　好的文章有一种能引发读者思考的作用，正如这篇文章，不仅仅写的是亲情，也写出了难以割舍的故乡情结和土地情结，简单的故事背后，是对时代变迁的思考。我们离开了土地的心灵，该何去何从？文章最后，看似使人欣慰，实则令人悲戚。

一个特别的电话

作家心语：当亲人即将不在时，你才发现他在你的生命中是如此重要。

那是许多年前一个周末的傍晚，他到朋友新开的话吧玩儿。话吧位于大学城的一条商业街上，他走过去需要十几分钟。

那时，天刚黑下来，他看见三五成群的大学生陆陆续续拥出校园奔向大学城这边的商业区。等他走进话吧的时候，朋友的小店已经人满为患。店里所有的电话都在忙碌，虽然房间被隔板隔离成了一个个封闭的"小区"，不过打电话的声音还是从一个个"小区"上面悄悄漫出来，在小屋子的上空，此起彼伏轻轻地回荡。

朋友兴致很高，边和他闲聊，边照看生意。这时他才知道，到这里打电话的大多是附近几所大学的学生，许多大学生都有煲电话粥的习惯。不过，他们打给父母的极少也极短，大多的"长话"是打给男朋友或女朋友的。

正聊着，一个大学生模样的女孩子走了进来。她穿着雪白的运动服，留一头齐耳短发，戴着眼镜，肩膀上挎一个红色的小背包。她进屋子，瞥了他和朋友几眼后，就急匆匆转身往外走。朋友赶紧笑脸相迎，问："打电话？"女孩儿低头轻轻应了一声，并没有停下脚步。

女孩儿的举动让他很是不解。"这么大的姑娘打个电话还害羞？"他笑着说。朋友说："不是。""是嫌弃打电话的人多？"他又问。"或许是吧。"朋友不以为意地笑了笑，说，"不过，过一会儿她还会回来——附近没有公用电话，打电话也只有我这一家话吧，何况她一女孩子，到远处又不安全。"朋友一副胸有成竹的样子。

果然，约莫过了半小时，那女孩儿又来了。她探进头，四下焦急地张望了几下后就又往回缩。朋友不失时机地追了出来。

"进来吧，里面有空位！"

女孩儿还是进屋了。朋友指着一个敞开门的电话位，告诉她："你去那里打吧。"女孩儿听了，并不理睬，淡淡地说："等一下再打。"

朋友给她拉过一个凳子请她坐下，和他对视一笑后冲她说："别不好意思，都是自己人，想打就打吧！"女孩儿的面孔就扭曲了一下，坐在凳子上的身子微微欠了欠，又挪了一下屁股，最终还是没有起身。

看她着急的样子却又不打电话，朋友一时搞不明白，便没有再理她，又和他闲聊起来。她似乎成了店里一个多余的人，干巴巴地坐着。其间，他看见店里一拨又一拨的客人来了又走，而女孩儿，始终坐在那里一动不动，脸上流露出焦灼不安的神情来。

后来，夜色渐浓，他看见外面的许多店铺都关门了。当店里最后一个打电话的青年男子结束一段浪漫缠绵的长话后，他终于起身决定向朋友告别。这时，那女孩儿忽然站了起来，嗫嚅地说："我现在打个电话！行不？"朋友就皱了下眉头。朋友说："好吧，那快点儿。"

奇怪的是，这时，他看见女孩儿，站在那里，还是没动。

"怎么了？需要我们两个回避一下？"朋友试探着问。

女孩儿脸上飞上了红晕，点了点头。

他和朋友一下子蒙了。是有什么难言之隐，还是和男朋友有什么特别的悄悄话？

他和朋友轻轻地为她关上门，走出话吧，守在门外。透过玻璃窗，这时，他们看见女孩儿从挎包里取出一个崭新的随身听，放在桌上。她轻轻摁了一下随身听，然后带着它走进一个隔间。她没有关门，而是给他们留一个消瘦婀娜的背影。

此时，四周静悄悄的，只有电话"嘟……嘟……"的接线声在屋子里响彻，以至站在外面的他们都可以听得清楚——女孩儿竟然将电话设置成了免提。

之后不久，他们看见女孩儿探下身子，用嘴巴冲着话机喊。女孩儿很兴奋，一改当初羞涩的样子，大声地用方言笑着说起来。而电话那头，先是响起一个老女人的问候声，之后又换成了一个男人沧桑的说话声，男人的声音中夹着笑，沉稳简短，后来又变成了女人低沉的啜泣声。

电话那头几次易主后，女孩儿才结束缠绵而毫无头绪的通话。最后，她挂了电话，摁了一下随身听，转身，满意地冲窗外望了望，他们才推门进屋。

女孩儿收敛起刚才的笑容，一脸的凝重，掏钱开始结账。他终于忍不住好奇地问："打电话还要录音，一定是很重要的谈话吧？难道是为了以后打官司，留证据？"

他的话有些调侃。女孩儿听了，低头不语，片刻之后竟然哭泣起来。她神情极其悲伤，后来到了几乎难以抑制的地步。

他赶忙过来道歉。过了许久，她才止住哭声。

女孩儿镇静片刻，才开口。她说："对不起！刚才失礼了。不过你也不要愧疚，刚才不是因为你的话才哭，真正的原因，是我的父亲。"

她的话，让他和朋友一头雾水，更加迷惑起来。

"今天下午放学的时候，我接到了母亲打来的电话。母亲说，这几天，可能就是父亲最后的日子了，让我火速回家。家人一直隐瞒着我，也一直隐瞒着父亲——直到今天，我才知道父亲是个肾癌晚期患者。可是，以最快的速度回到千里之外的家，我害怕也来不及见上父亲一面呀！"女孩儿说完后，心情还是有些沉重和伤痛。

"而那个随身听是……"

"我想用它留住父亲的声音。那或许，是父亲留给我的最后的礼物——我想把它珍藏起来。"女孩儿从容地解释。

原来，那是个极其珍贵的，可以永远珍藏的电话。

说完后，女孩儿转身迈出小店，没入夜色中。他也开始和朋友告别，走出话吧。

此时，微风吹拂在脸上，他感觉自己的眼角湿漉漉的。而前方不远处，忽然又响起了女孩儿滔滔不绝的打电话声。

女孩儿大声笑着说："妈，我在学校挺好的，你不要挂念……爸，想我不？你可要注意好自己的身体啊……爸，学校最近放短假了，女儿回家看你吧……女儿给你捎了好多你喜爱吃的东西，你在家可要等着我呀……"

点 评

文章写了许多误解的情节，似乎要把人引入一条胡同中，最后翻笔一转，道明真相，让人在吃惊中大呼感动。这样写作，就是给文章施了魔法，使平凡的故事拥有了神奇的力量。

藏在心底的话

作家心语：最深的爱无以言表。最动人的话，无法言说。

年少时，我们有许多藏在心底的话，无法向父母言说。多年之后，当我们成了别人的父母，才恍然发觉，身为父母的他们，一样也有着藏在心底的话难以言表。那些藏在心底的话，是无奈，是心酸，也是一种体谅与温暖。

一

十二岁那年，你第一次离开父母到学校寄宿，开始忙碌的学习生活。只有在每个周末，急匆匆回家一次，换洗衣服，带一些干粮，然后又急匆匆地返校。

中午吃饭的时候，一家人聚在一起。这时，父亲闪烁不定的眼神总会在你身上扫来扫去，然后，试探着问你一些问题，譬如"近来学习怎样""在学校吃饱没有""学习重身体吃得消吗"等等。他声音不高，说得也极随便。他说话时，你把头埋在碗里把饭吃得山响。偶尔，也会抬起头望他一眼，怯怯地，点点头或摇摇头。如若没回应，父亲便不再追问。你向他点头或者摇头的时候，他反而会紧锁眉头，望着面容憔悴的你，在脸上打几个问号。

你曾鼓起勇气，想把藏在心底的话说给父亲听，可努力几次都以失败告终。

想想也是，那么多难以言说的苦，说了，父亲能理解吗？学习怎样，能说吗？说得清楚吗？今天说好了，明天考试排名落后了怎么办？熬夜的苦，能说给父亲吗？你熬夜学还学得这么烂，谁信？！学校的伙食怎样？不怎样又能怎样？不好，大家不还照样吃。照出人影的稀饭，告诉父亲，难道学校会听父亲的把稀饭变成稠粥？

再说，即便说了，了却了父亲一份牵挂，却徒增了他几分担忧。何苦呢！

二

二十五岁那年，你离开大学校园，孤身一人在一座大城市漂泊闯荡。简历投了一大堆，才找到一个薪酬极低的工作，每月除掉房租和生活费，手里的钱已经所剩无几。

父母打电话来，问你工作的情况。你说："挺好，单位在高级写字楼里，办公室窗明几净，工作轻松自在，薪酬也高。"说那些话之前，你刻意从饭店嘈杂的大厅躲进一间无人的雅间，好给自己营造一个宁静祥和的通话环境。

"吃得怎样？"母亲从父亲手里夺过电话问。

"好啊！顿顿都下馆子。"你哈哈笑着说。说完你在心底里就笑了——真是绝妙的讽刺！是啊，能不下馆子吗？自己的工作就是在饭店里端盘子。

"住的呢？"母亲又问。

"和朋友合租的三居室，宽敞着呢！"你又信口开河。其实说这句话的时候，你心底泛酸，只想掉眼泪。狗屁三居室，不过是一间没有窗户的地下室，黑暗又潮湿，整天散发着一股熏人的霉味。

"交女朋友了吗？"母亲的问题又深入了一步，问得你心惊肉跳。

"正谈着，现在保密。"你假装羞涩地回答母亲的追问。说完，就在心里骂了自己一句。就你，连自己都养不活，还谈女朋友？

你左躲右闪，使出三十六计，好不容易结束了和父母的通话。你大喘一口粗气，斜靠在墙上，眼泪忽然冒出来，流了一脸。那天，你心底藏着多少苦想向父母诉，可你想了又想，还是忍住不说。

三

三十四岁那年，你终于在你奋斗的那个城市买下一座房子，娶下一个娇妻。

买房子的时候，你手边的钱连首付都还差一大截。想了好久，你第一次向父母张口借钱，打电话的时候，你吞吞吐吐欲言又止。父亲却在电话那边笑了："有啥事，快说！"

你把自己的事儿给父亲说。父亲哈哈一笑，说："我当啥事儿，没问题，过两天就把钱给你汇去。"果然，很快父亲就按你的要求，把钱汇了过来。父亲在电话里还说："你放心，钱都给你娶老婆攒着呢，不够，家里还有，别不吭声！"

父亲的话语让你有种贴心的温暖。你噙着泪水，笑着把电话打完。

婚后你回家看望父母。立在门口，却发现家里锁着门。跑到棉田，两个花白的头正淹没在白茫茫的棉田里。你看见他们弯腰驼背的身影在棉田里起起落落，忍不住，再一次让自己泪流满面。

那次回家，你得知，为给你买房子，父母卖了猪，卖了牛，卖了院子里的树，卖了家里的粮，还借了一屁股外债。为了还债，已经年迈的他们又租了村里十亩地，种上棉花，整日忙得不可开交。

原来，父母和你一样，有难以言说的苦。

四

你四十五岁那年，父亲七十，母亲六十七。

某天早晨，你站在城市街口，望着红灯焦急万分。那天，你撂下单位一摊子烂事，请了假，急匆匆去赴家长会。现在的你总是一副焦头烂额的样子。想起单位的烂事，你就头疼，怎么有那么多干不完的事；想起自己的混蛋儿子，你就来气，每次开家长会都会为他挨老师一顿狠批。

你叹着气，一路上提心吊胆，怒气冲天，心想，要是再挨老师的批，回家非扒了他的皮不可。那天的家长会老师说了孩子许多不是，你坐在下面面红耳赤无地自容。

那天晚上，你早早回了家，在家候着，准备一泄胸中的怒气。你左等右等，他像是有意躲着你，很晚才回来。敲门进屋的时候，他小心翼翼的样子让你既生气又心生怜爱。

你把儿子叫到面前，一双怒目在他身上扫来扫去，然后生气地问："最近学习怎样，作业都写了吗，考试考得怎样……"儿子看着你，缩着脖子，怯怯地看，一会儿点头，一会儿又摇头。

望着他，你想起了十二岁的自己，内心一阵酸涩。你知道，此刻儿子心里一定也隐藏着许多难言的苦，无法向你说，如同当年的自己。倏然间，你的目光变得温和起来，一只大手探出来，拥儿子入怀。

那天晚上，你拉儿子出去散步，谈心。途中，你忽然想起了家乡的父母，便把电话打过去。

电话响了很久，父亲才接。你问他在忙什么。

"在外面遛弯呢！刚吃过饭，锻炼锻炼身体。"父亲笑哈哈地说。

"那妈妈呢？"

"在家看电视呢，不是婚姻大战就是婆媳大战。我都快烦死啦，你妈却看得美着呢，一边看还一边嘀咕，要是儿子和媳妇在身边的话，是不是也会上演这样的大戏。"

父亲的话让你既欣慰又无奈。为了不给你添麻烦，你几次邀请父母过来住一阵子，可他们都找种种理由拒绝了。你知道，他们体谅你负担重，怕给你添麻烦。

你点点头，又摇摇头，满腹酸涩。

或许，你永远不会知道。那天，母亲病了，在诊所打着点滴。打电话的时候，父亲正提着盒饭颤巍巍走在通往诊所的路上。可这些，父亲怎会告诉你？！

★ 点 评

开头和结尾遥相呼应，使文章的表达找到了落脚点。文章这样写很容易找到情感的共鸣点，使人们认识到时代不同却有着相似的情感处理方式。许多情感因为太过深沉，而无法言说，深深埋于心底，表面上是波澜不惊，心里却早已波涛汹涌。

你有杂志吗

作家心语： 有一双叫"爱"的眼睛，会在你毫无察觉中投进你生活的深处。

初冬的一个雪夜，我邀一个朋友出去喝酒，以排遣心中郁积了很久的苦闷。归来的时候天已经很晚了，刚合上房门，父亲就来扣门。

那天，父亲在屋门口用力跺搓了半天，以弄掉脚上的雪泥，又使劲拍打净衣服上的落雪，才推开房门，一阵寒风和漫天飞舞的雪花，席卷而入。

一进门，父亲就投来温暖关切的目光，将屋子扫射了一圈。父亲没有落座，而是先问我："你出去了？"父亲的话，让我有些不安——从小父亲就非常反感我喝酒抽烟，因此我很少当着父亲的面做这些事情。我有些不自在地说："是，刚才和一个朋友出去玩了一会儿。"父亲忽然就有些生气，厉声说："以后少喝酒，你看，你回来都几点了，我来三次，你都没开门。"父亲说话时，表情严肃，眉头紧锁，仿佛要把整张脸都变成一个脱了水的橘子。

我动动嘴唇，没有出声，但心里已是一片阳光。是呀，父亲和母亲住在街道另一头的院子里，来回一次要一里来路，来回三次，不知道要走多少雪路呀。

我请父亲在火炉旁坐下，问："爸，你有事吗？"父亲就生气地说："我能有什么事？"父亲坐在通红的炉火旁开始给我讲小镇最近发生的事情。他絮絮叨叨，说个不停，偶尔，会问我一下单位里的事情。火光在父亲的脸上欢快地跳跃，时针嘀嗒转个不停。父亲说得兴致盎然，我却极少回应他。我一边听父亲絮叨，一边自顾自地忙碌——冲茶，洗脸，泡脚。

那天，父亲说了很多，似乎要将最近发生的所有事情都统统告诉我。那天，父亲似乎没有意识到我的失落。我忧伤的脸和他满脸堆笑的表情形成了鲜明的对比。

夜已经很深了，父亲在我淡漠的表情中，终于意识到该离去了。

父亲拍拍衣服站起来，转身要走。临走前，仍念念不忘提醒我注意身体。在送父亲走出屋门的一刹那，他突然折回来，问了我一句："你有杂志吗？"

我一愣，呆住——不明白他的意思。

父亲笑笑，说："不喜欢看电视，冬天夜又长，晚上睡不着，就想看看书。我知道你这里杂志多。"

我哑然失笑，说："你等等。"我忽然一下子就明白了父亲的来意。父亲绕了一大圈子，不过是想向我讨要几本书，以打发晚上漫长的时光。我在心里暗笑父亲的世故。

我进屋，随手在堆满杂志的书桌上抄起几本，转身塞给父亲，父亲的脸一下子灿若桃花。

那几本杂志合起来足有几百页，我以为父亲要读一阵子，没想到几天后他就来归还。他带着快乐和满足的口吻对我说："里面内容不错，再借我几本吧。"我没多想，又给他换了几本新的，递给他。

父亲读书的兴趣从此变得异常浓烈起来。此后，隔三差五，他总要来借杂志。他看书的速度也越来越快，常常几本杂志一两天就看完了，最快的时候竟然不过一个晚上。每次来，他总习惯地问："你有杂志吗？"我就笑着说："有，你天天来借都借不完。"

但是，很快，我就发现，与父亲日益提升的阅读速度形成鲜明对比的，是他那直线下降的阅读兴趣。后来再来的时候，父亲的抱怨总是越来越多，不是内容太过陈旧，就是书中的插图让人不明大意。为此，我颇为疑惑。

冬天的积雪已经开始融化，路面异常湿滑。那天夜里，父亲又来借杂志。在浓重的夜色里，父亲推开屋门，在门口蹭了一下脚上的泥，才进屋。他在屋子里站了一会儿，将手里的杂志轻轻放在书桌上。

父亲沉着脸，许久不语。

这次，我忽然觉得父亲格外生疏——他竟然没有问我："你有杂志吗？"

看着沉默的父亲，我说："爸，有杂志，你看吗？"

父亲突然失落地说："看了这么多杂志，上面也没有看见一篇你写的稿子。再看，还有什么意思。"

我愕然。

父亲转身走了。夜色很快将他淹没。耳畔只剩下他沉重的脚步声，嗵嗵作响……

父亲走后，我心里异常难过。除了愧疚、苦涩和不安，还有温暖与感动……种种复杂的感觉充斥在心间，直逼迫得干涩的眼睛生出泪水来。

是呀，我已经好久没有动笔写东西了，自上次发表文章到现在半年有余了吧——生活与工作的种种琐事和不如意，让我对写作愈加冷淡，以至渐渐生疏了。我忽然就想起几年前的一幕。我将公开发表的第一篇文章假装漫不经心地递给父亲看，父亲一脸吃惊，转瞬间变得异常激动。他微笑着戴上老花镜，用微微颤抖的双手捧着书，将身子挪到窗前，借着窗外的亮光，一字一句细读。他低声读了出来，还不时扭过头问我："这个字怎么读……"那篇文章，父亲读了好久才读完，然后又传给母亲，然后再从母亲手里要来再读……那天，父亲将书还给我的时候，一脸感慨："瞧我这双老眼，多不中用，看一会儿眼就花，老了，老了。"父亲的话让我有些不安，我赶忙把书收起来，告诉父亲多休息休息眼睛。

我的心里满是哀伤。父亲的确老了，60多岁的人了，头发白了，背也驼了，连视力也越来越不如从前了。只有小学文化的父亲，我能感觉到，他读那篇文章是多么吃力。所以，后来，再有文章发表，我就很少给父亲读了，也很少在父母面前谈及写作的事情。总是他们问的时候，才敷衍两句，说没发什么稿子，然后看他们失落地闭口。

从没想过，父亲会以这样的方式，打探我的关于写作的"秘密"。

那天夜里，父亲走后，我趴在书桌上，眼含热泪写一篇关于父爱的文章。我知道，我必须写下去，不为别的，就为父亲和母亲。而那篇文章的题目是——你有杂志吗？

点 评

亲情是我们人生路上的坚强后盾，也是我们走向成功的无声激励。生活那么艰辛，虽然会磨灭一个人的信心与勇气，但是却无法磨灭父母对子女的牵挂与期望。父母是子女精神的一盏明灯。有这盏灯照着，人生就有希望。

窥见你的成长

作家心语： 少年的成长如一首诗，在父母眼里却是另外一种风景。

讲三个故事给你听。读过，或许，你能从中窥见自己的影子。

一

十七岁那年，你骑着一辆老式自行车穿过繁华都市。在一个路口和一辆疾驰而过的摩托车撞上了。翻身起来后，你揉着破了皮的膝盖叫疼，却被对方憋红了脸。一个面目狰狞的年轻人说你撞坏了他的车，向你索赔。

可你哪里有钱呢？不然也不会骑着车，几十里路不辞劳苦地拼命往家赶。因为贫穷的家境，你连坐车的钱也拿不出来。每个周末，你在学校和家之间都是如此往返。

没有钱，人当然是走不了。无奈，对方霸下了自行车，让你走人。于是，你抹着眼泪徒步回家，踏着星月推开屋门。你的脚趾磨出了血，疼得直咧嘴。

父亲青筋暴突怒气冲天，责问你怎么回来得这么晚。你胆怯如鼠吞吞吐吐说不成话，末了甩出一句——车丢了。父亲气得一巴掌打过去，你的脸上立刻印出一个"五指山"。

父亲对你扔出狠话："这一巴掌就是让你长点记性！"

母亲过来为你解围，你才捂着脸回到自己的卧室。

你忍着一肚子的委屈，把脸憋得通红，咬着牙齿把痛吞咽到肚子里。那个夜晚，你饿着肚子睡下。

许多年后，你长大了有了自己的孩子，也有一副硬心肠。和父亲的一次闲聊中，你重提往事，给父亲道出内幕。父亲只是刹那间表示了一下惊诧，就恢复了常态。

父亲说："是呀，那么破的车子怎么会被偷走呢？……人这一辈子总要经历些坎坷，那一巴掌是想教会你忍耐和勇敢。我早猜到你是在蒙我，可没想到你会蒙我这么多年。"

父亲的话语让你吃惊。

从父亲深深的叹息中，你窥见了他的精明。但却从他鬓间的白发中，窥见了时光的无情。

二

从小你就不是一个省油的灯，父母无暇管教你，你便无法无天四处惹祸。老师说你聪明能干，就是太调皮了，将来成不了材一定也不是一个平庸的人，意思是说你成不了"好才"就一定是一个"孬蛋"。

母亲也是一名老师，红着脸接受班主任的批评。你站在一边一副桀骜不驯的样子，气得她把牙齿咬得咯咯响。

小学时光你就这样在浑浑噩噩中度过了，父母为你费尽了心，你却从不领情。末了，一怒之下甩手不再管你。你从此几乎成了野孩子。

上中学的时候，母亲终于腾出手来，想方设法极力争取，把你送进她所在的学校。母亲对你说，小学管不了你，上中学了，要你在她眼皮底下过日子，看你还怎样猖狂。

每天，你都坐着母亲的单车上学下学。你放学晚了，母亲就留下来陪着你。有时，你早早放了学，母亲却在给学生补习，你只好留下来耐心等待。你翻着白眼表示气愤，母亲却对你置之不理。

渐渐地，你的成绩有了起色。母亲又给你请了家教，有时还亲自给你辅导到深夜。你不再那么调皮了，可是你对母亲还是有些疏离，仿佛父母都不是亲生的，彼此间有很大的隔阂。

三年过去了，你终于理解了母亲。母亲教九年级，每天忙得团团转，为班里的孩子操碎了心，哪还有时间管自己的孩子呢？

中考结束后，你出人意料地考上了市一中。父母高兴坏了，你也在心里乐开了花，你没想到自己这棵枯木也能逢春。

假期的时候，你在家里闲得心慌，母亲却要接受近一个月的业务培训。你便主动请缨做起了母亲的专职"司机"。还是那辆单车，骑几十里路，你载着母亲去参加培训，然后再把她接回家。

有一次，母亲抱着你的腰，把脸贴在你的后背上。你感觉自己的后背热乎乎的，忽然你眼里有泪水打转。那天，你发现母亲的目光温柔得如一口幽深的水井，有你从来没有见过的安宁。

三

你讲起她的故事总是滔滔不绝。别人向你请教一个问题，你却向他讲了十个故事。

是呀，都是父亲，都有一颗柔软而好强的心，怎么会不掏心窝地说说。你出色的女儿总能引起别人的好奇，在一次家长会结束后，有人拦住你向你请教教育孩子的秘诀，你便又开始了自己滔滔不绝的演说。你善于讲故事，而且讲得绘声绘色很生动，总能打动人。

你说，孩子九岁的时候，你便告诉她："要读好书可以到市里的书店买。那里书的价格便宜种类齐全。比我们小县城的可好多了。"

孩子揣着你给的二十元钱，高高兴兴地上路了。那次是孩子第一次出远门，第一次到市里，关于书店，你只是给她画一个草图，大致标出来位置告诉她。

孩子既兴奋又惴惴不安，你又把路上注意的事项一一向她交代。在你的鼓励声中，孩子独自上路了。

当然会迷路了。到了市里一下车，孩子就辨不清东西南北，哭起了鼻子。可是再怎么折腾也没有人来关心一下，无奈，她只好靠嘴巴解决问题。中间孩子还差一点被骗子骗了，骗钱是小事关键是骗"人"就要了你的命。幸好有好人出面，才化解了一场危机。

那天，孩子回来得很晚，手里捧着一本书在你面前欣喜若狂。可她还饿着肚子呢。

你做了她喜爱吃的鸡蛋面，看她狼吞虎咽的样子，暗自抹眼泪。

孩子不知道，那天，你都一路尾随着。孩子坐的是头一辆车，你坐的是第二辆。那一路的心惊肉跳你都看得清清楚楚，可你却忍住不跳出来。

你看她在太阳光下把脸晒得红扑扑的不去管她，你看她饿着肚子在书店里乐此不疲地读书而心疼不已，你看她在坏人面前手足无措，却装作路人连眼都不多瞥一眼就匆匆而过。

可是，你真实地窥见了她青春成长的模样，看见了成长的疼痛与欢愉。

许多年后，你还给别人讲故事，只是作为父亲的你，在讲完故事后总要发一通慨叹。你说人生原来不过如此，我携你走过青春，你送我走向暮年。我窥见你的成长，你却见证了我慢慢走向衰亡。

这样的话，总让听者无语，你看见他们的泪水，在眼眶里打着转儿恣意漫延，自己却笑得一脸从容。

点 评

　　这篇文章的写作技巧很值得初学写作的人用心学习。本文通过三个不一样的故事演绎了同一个情感主题。这样组合起来写作，既形式多样又富于变化。加深了文章主题的内涵，也使得情感在步步推进中得以进一步升华，给人留下深刻的印象。

第**2**辑
人生因什么而不同

人生因什么而不同？人生，因你内心的选择不同，而不同。

给自己留一把匕首

作家心语：走出困境，就要直面人生。

我曾目睹一位朋友怎样由蛹化蝶。

起初，他还只是个下岗工人，借钱开了家杂货店。杂货店经营得并不顺利，在激烈的竞争中最后还是倒闭了。再后来，我就听说他又经营起一家超市，规模逐渐扩大，从一家，到几家连锁。现在，他银行的存款，听说已有几百万了。

他的发迹，后来，一直是我心中待解的一个谜。只是各自忙碌，很少再聚，所以一直没有机会向他请教。

近来，一次偶然机会，我们在一家咖啡厅里难得地坐在一起。我问起了那个盘桓在我心中很久的问题："那家杂货店倒闭之后，你从哪里来的勇气又继续开始经营起了超市？要知道，这样的经营，失败的概率会更大呀！这需要何等大的勇气呀！"

朋友听后，只是微笑。他没有即刻回答，在忧虑了几分钟后，我见他伸手打开放在桌上的公文包。他很敏捷地从中取出一个精致的檀香木小盒子，打开来，映入眼帘的是一把钢匕首。仔细看来，极普通的一把匕首，没有纹理的刀身，甚至还有几分粗糙的刀把，怎么看，我都无法从中看到神奇的地方。我有些惊讶，更多的是疑惑不解。

他很敏捷地从中取出，像武术家那般耍弄起来，先甩弄出几个漂亮的刀花，最后把匕首的刀尖向上直直竖起，让它静止不动。我不得不承认，那是把异常锋利的匕首，在灯光的照耀下熠熠生辉，光芒四射。

"正是这把匕首，把我从绝境中拖了出来。"他这样从容地说。

"这把匕首一定很昂贵吧？"我试探地问。

"不。只是把极普通的匕首，没有什么特别的地方。"

一把匕首，一把普通的匕首，能给他带来些什么？我决定洗耳恭听。

"这把匕首，是我在杂货店快要倒闭时，对面的那家杂货店的老板送给我的礼物。"他先说出匕首的来历。

"那简直是一种挑衅。是一种落井下石，为人不齿的行为。"我站在常人的角度为他愤慨，并试图解读他当时的心境。

"是呀！起初我也这么去想，还差点找那个小子拼命。可是，后来我发现，这把匕首还没有开刃呢！"他爽朗地笑了起来，有种自嘲的感觉。

"后来，过了好多天，等我把这把匕首磨得锋利无比的时候，我发现，我已经不再失落了，创业的勇气再次涌动在我心中。那一刻，我忽然明白，成功永远是一把刺向自己的匕首。"

"刺向自己的软弱、无知，以及退缩。"他进一步解释。

"成功就是不断磨砺自己心中的那把匕首，时刻让它锃亮，锋利。"当他最后说完，我看见他拿布轻轻擦拭那把匕首的刀刃，然后将它归放到原处。这时，我看见了他的目光，犹如一把匕首闪烁的光芒，坚定，耀眼。

他说，这把匕首，他后来一直随身携带，曾激励他渡过一个又一个人生的关口。再后来，他给它配备了精致的盒子。只是不敢轻易示人——怕人误解。那是件只留给自己常看的器物。

那一刻，我折服于他宽容的胸怀，更被他的睿智征服。

其实，说来也是，我们都需要一把留给自己的匕首，一把需要不断用心去磨砺的匕首，一把刺向自己"软肋"的匕首。

一个敢于剖析自己，不断激励自己的人，定然会不断超越自我，成功怎么会不属于他呢？

点 评

很多人觉得成功路上的敌人是我们的对手，这是认识上的一种误区，其实，我们最大的敌人是我们自己。直面人生的背后，是反观自己、直面自我，在寻求与修正中突破自我走向新生。匕首在文章中是一个象征，寓意深刻。

不是天才就做地才

作家心语：勤奋是事业的基石。无论是谁，都不可或缺。

2008年春，蔡依林在北京举行"唯舞独尊"个人演唱会，之后不久，她便推出了一张名为《蔡依林——地才唯舞独尊演唱会纪实》的专辑。该专辑收录了演唱会中的九首经典歌曲，以及一些台前幕后不为人知的花絮。正是这张专辑，让众多歌迷看到了蔡依林荣耀与光鲜背后鲜为人知的艰辛与努力，也让歌迷了解到她独特的"地才"人生观。

后来，在北京接受专访的时候，主持人问她："专辑的名字前为什么要冠以'地才'，是不是说和天才相反，'地才'要经过许多艰辛与努力才能成功呢？"坐在旁边的她，不语，只是微笑着点点头。

蔡依林的努力在歌坛是众所周知的，圈里有人称她是"拼命三郎""歌坛劳模"，连身边的工作人员也说她有时候简直就是个疯子，无论公司提出什么样的要求她都能做到。其实，在进歌坛之前，她的舞蹈跳得并不好，手脚极不协调，韵律感也不是很强，一支舞跳下来总是洋相百出。可就是这样一只"丑小鸭"，靠个人的不懈努力长成了今天美丽的"白天鹅"。

每次出新专辑，她都要主动学习新的东西。为配合音乐的形式，除了练习常规的舞蹈外，她还学会了瑜伽、艺术体操、鞍马、钢管舞。在新专辑《爱情任务》中，她再次挑战极限，学跳"无重力彩带舞"。这种舞蹈，对表演者的要求是很高的，许多人都是从小开始练习，而她仅仅用了三天，就学得有模有样。为了让MV效果更加绚丽多彩，回到家的她并没有休息，而是天天练习倒立，让双手支撑起自己的全身，直到筋疲力尽方才罢休。练习这种舞蹈，需要表演者在空中不停地转来转去。许多次从空中下来，她都晕倒了。醒来后，她推开众人，不顾大家的好心相劝，又开始了新的练习。

"唯舞独尊"演唱会其实只有两个多小时，而她却为此准备了三个多月。首场演唱会那天晚上，她尽情地歌唱跳舞，台下的歌迷为之疯狂。当演唱会结束后，她累得蹲在舞台上一动不动，嘴里直喊腿软。之后，没有休息的她，又强撑着把首场演唱会侧录的DVD看完，仔细查找舞台上的任何一个细小纰漏，以便下一场改进，直到凌晨才昏昏沉沉地睡去。

第二天清晨，她早早起床开始排练。彩排时，她再度尝试表演鞍马，由于体力不支，所做的动作失败了，筋疲力尽的她，双手不停颤抖。但晚上正式演出时，她却拼尽全力完美地完成了鞍马动作。那晚，她身着舞衣，像一只美丽的蝴蝶，轻盈无比，在鞍马上翩翩起舞……最后，当她轻巧落地的一刹那，台下的歌迷欢呼声四起。而台上的她，泪水盈眶，激动不已。

她完美出色的演出，最终获得了歌迷的一致好评。她是一个"地才"成功的榜样。

在她的人生哲学中，有这样一句话，她一直坚守——"努力突破自己，人生没有盲点。"生活与工作中的她每天都在思考，可不可以再进步？早些年，在接受专访时，她曾这样说："从小就知道'人外有人'，大家都想做天才，但没有那么多的天才，要当第一并不容易，得非常努力。我不懂那些因困难而中断梦想的人在想什么，我从不知道放弃的感觉是什么！"的确如此，她之后走的路证明了这一切——她始终那么勤奋与努力，从不言弃。

在她的"唯舞独尊"演唱会视频中有这样一段文字：有一些天才，因为骄傲自满会半途就黯淡无光；有一些"地才"，会不惜把力气花光下苦功，让自己变得与众不同，成为经典传奇，原来只要坚持，天才和地才没什么差别！

★ **点 评**

古往今来，"天道酬勤"一直是许多成功者的座右铭。才能像一口井，即便是天才，如果没有付出辛勤的汗水，想要吃到深处甘洌的井水也是枉然。

人生因什么而不同

作家心语：选择比努力更重要。

有两个故事，读过，让我对人生又有了新的思考。

第一个故事，是关于世界潜能大师博恩·崔西人生的一个片段。

大师二十多岁的时候还远没有现在这么风光，那时他还只是一个穷困潦倒的无业青年，每天早出晚归，拼命工作，日子却过得捉襟见肘，难以维系。彼时的他，一直以为，一个人只要勤奋努力工作，早晚有一天会出人头地。

有一天，他在读书——一本哲学书。书中有一个句子，差点让他激动得从椅子上掉下来。"人是一种善于排列优先顺序的动物"，就是这一句话，让他忽然有种醍醐灌顶的感觉。他赶紧拿笔，将它抄录下来，作为自己一生受用的成功"指南"。

后来成功的他，每每和别人分享自己的成功经验时总是提到它。因为，正是这句看似平淡的话语，深刻改变了他对成功的看法，促使他开始向成功的正确方向快速奔跑。这句话，让他在读到它的那一刻，幡然醒悟：人们对事情的先后顺序的处理，会直接影响到他们的绩效。

后来，他在自己的成功学演讲中，曾经反复不断地提到它，然后极为郑重地告诫别人："平庸的人往往把那些容易的事情放在最前面，而优秀的人则把那些最重要的、最能带来价值的事情放在前面。所以我们经常看到两个人可能同样忙碌，但因为对事情排列的顺序不同，所以达到的成就也就大不一样了，这就是事情的区别。"

第二个故事，是成功学大师安东尼·罗宾的一段人生经历。

曾经有一段时间，罗宾的事业遭受了巨大的挫折，整个事业再也无法向前迈进一步。而影响事业发展的瓶颈问题，他迟迟无法找到。无奈之下，他只好暂时离开工作，乘飞机到斐济群岛去散心。

坐在飞机上，一路上，他都在整理自己纷乱的思绪，思考着自己下一步该怎么走，如何解决摆在面前的问题，如何扭转目前不利于自己的局面……

到了目的地，他哪里都没有去，而是独自一人坐在饭店的大厅里静静思考。

他开始拿出纸笔，就着大厅的桌子沙沙地在纸上书写着什么。他把自己目前的价值观一一罗列在纸上，然后盯着它们发呆。看着这些价值观时，他心想："这些价值观对于我而言是最棒的，正是这些，才造就了目前的我。"接下来，他开始花几天时间重新审视这些曾经对自己产生过巨大激励力量的文字。在添加了几项新的价值观后，他发现，自己已经无法再为自己的价值体系增加或删减任何一项后，就停下了手中的笔。

在抬起头的一刹那，他问了自己一个问题："要想实现人生的终极目标，我所拥有的这些价值观，该做何种排列呢？"

很快，他用了一段时间，开始把这些纷乱的、发散的、没有先后次序的价值观，以一种有先后次序的链条的形式呈现出来：健康→爱→智慧→积极→诚实→热情→感恩→快乐→学习→成就→投资→奉献→创造。

当罗宾把这个链条写出来后，他疑云重重的脸上重新绽放出灿烂的笑容。

或许，有人会问：这个有先后次序的价值链，有那么大的魔力吗？看上去，也没什么了不起的地方呀。可是，它对于罗宾而言，却意义非凡。

这个链条，是他经历了内心苦痛挣扎后才排列出来的，自认为是顺序最合理的价值体系。

这个有着先后次序的价值体系，为罗宾的内心带来了极大的宁静，使得他接下来的人生产生了很大的改变。他不仅没有丧失干劲，反而产生了前所未有的信心。这个价值体系，让他从此不再跟自己的内在拔河，也不再和外在的环境对抗，给他的人生带来了稳定持续一致的巨大力量。

后来，罗宾谈到自己的成功心得时，这样解释这条价值链：如果你看快乐优先于成就，那么你就会以快乐的姿态发现自己的成就。

原来，每个人的现实生活状况都是由你过去的选择所造成的，而你的选择，又源自你在内心的价值观和价值体系。只要清楚个人心中的价值观，适当调整自己的价值体系，每个人都能为自己找到准确的方向，并为自己的未来，做出正确的选择。

人生因什么而不同？人生，因你内心的选择不同，而不同。

点 评

在人生的路途上有许多岔道，每一次选择就是一种改变，人生的方向就是这样在一次次选择中变化着。选择改变人生，选择决定前程。读此文，不仅是种享受，更是给心灵充上了正能量的"油"，为我们走向成功的列车提速。

拿什么捍卫自己

作家心语：永怀正义之心，才会距离真理越来越近。

1842年，环球旅行归来的达尔文，在做了一番科学研究之后，初步构建出"进化论"思想的框架，提出了伟大的"进化论"学说。

"进化论"学说公布于世之后，在学术界立刻掀起了轩然大波。"进化论"学说的遭遇，犹如当年哥白尼提出"日心说"一样，一经问世，就受到世人瞩目，备受争议。在人们看来，达尔文的"进化论"学说是对神学的"上帝创造论"的一个公开挑衅，因此遭到了神学界的疯狂谴责和无情批判。有时，甚至有人指着达尔文的鼻子问："达尔文先生，你是怎么由猴子变成的？难道你的父亲现在还是猴子吗？"

此后，十余年中，达尔文思想及其本人，常常遭到这样粗暴的、恶毒的和不公平的攻击。为此，达尔文的朋友和拥护者经常做着针锋相对的斗争——他们在公开场合和学术刊物上，发表支持的言论。

当人们为"进化论"学说据理力争之时，达尔文先生本人的表现却让人大跌眼镜。对于这些反对者，达尔文从不出面辩驳，更不会激烈地对阵斗嘴，而是极为坦然地躲在背后"看笑话"。他为人谦和，对于找上门来的对手，也会十分有礼貌地以友相待。

达尔文究竟要做什么？许多人都十分不解。

原来，达尔文有自己独特的处理办法。他冷静而又睿智，不愿把时间白白浪费于无谓的争辩之中，而是把全部精力投入到"进化论"思想的丰富和发展上，并致力于解决自己理论中存在的多个难以解决的问题。

1859年，是达尔文一生中最为光辉的一年。这年11月24日，积十余年研究之成果，他终于出版了自己一生中最伟大的著作——《物种起源》一书。这部科学巨著，仅仅出版了一千二百五十册，当天就全部售完。细心的读者会发现，《物种起源》是"一个长的论据"的科学作品。为了让自己的思想能够被人们更好接受，达尔文收集各种"证据"，并在书中做了详尽的叙述。他用充分的材料来论证整个进化论思想。此外，这本书，除了通过大量证据来论证进化论思想外，达尔文有意为之，专门辟出几个章节，将批评的言论，也放入其中。对自己理论长达几章的批评文字，是这部著作的一个显著特点。

达尔文为什么要将反对者的声音写进自己的著作呢？一时，许多人都看不明白。后来，达尔文这样阐述自己的想法：他要让对手，替他找出他在理论和结论方面的弱点，并预见到一切可能提出的异议。一个科学家越诚实，对自己的要求越严格，那么，别人想反对他就越难。

其实，谁也不知道，达尔文使用最多的武器，还是他那部不断更新版本的出色著作——《物种起源》。该书出版后的许多年，他仍然孜孜不倦地致力于进化论方面的研究，并不断将自己的研究新成果，加入其中，让自己的学说更具说服力。这部不断修订的巨著，后来，不知不觉中击倒了各个对手，说服了那些动摇分子，在越来越多无私地寻找真理的人们中间，达尔文为自己赢得了许多朋友和忠实的追随者。

19世纪70年代后半期，达尔文得到了世界各国普遍的尊敬和认可：剑桥大学授予他法学博士的称号，并将他的肖像画悬挂在学校的哲学学会图书馆里；林纳学会也开始用美术家绘制的达尔文肖像来装饰会所；法国科学院授予了达尔文植物学部通讯院士；意大利皇家学院为达尔文颁发布雷斯奖金；德国科学家在他1877年的生日时，将由一百五十名德国著名博物学家的照片装订而成的相册寄来，作为生日礼物献给他……

后来，一位达尔文的支持者——科学家华莱士，曾经这样总结达尔文的一生：达尔文从来没有得到过暂时性的成功，但是成功本身总是跟随着他。

1882年4月，享年七十三岁的达尔文，与世长辞了。在众多科学家的强烈要求下，他被安葬在英国著名的威斯敏斯特教堂。而他的坟墓，距离伟大的科学家牛顿的墓地，仅几步之遥。达尔文的老朋友，赫胥黎教授，在他的墓碑前这样颂扬他："他留给人们的是被证明的科学观点，为了让人们理解，他用非常婉转、不伤害别人宗教信仰的语言将它介绍给了大家。"

达尔文几乎用尽自己一生的时间来捍卫自己的思想。而他采用的方式是：宽容、友好、坚强不屈，与勤奋创造。

点 评

纵观古今中外，大凡有所作为的人，除自身才智卓越和执着追求外，还有一个共同的秉性，就是胸怀大度。他们能以自己开阔的胸襟去对待世间万物，用那颗博大的心去容忍世间的冷嘲热讽。写作是种倾诉，也是一种分享，能将我们对人生的感悟通过我们的文章给读者带来启迪，我们也能成为优秀的作家。

改变人生从不断质疑自己开始

作家心语：改变从质疑开始。有质疑就有思考，有思考就有认识和选择。

他出生在美国一个贫民家庭，父母心地善良，没有固定工作，靠四处打零工维持生计。这样的家境，让他长期生活在饥寒交迫之中。

直到多年以后，他每每向别人介绍起自己的童年，总是说："家里物资匮乏，我们家的主题曲就是——买不起。"

迫于生计，他辍学了。辍学后，他找到的第一份工作是到一个小餐馆洗盘子，每天下午四点上班，常常工作到翌日凌晨。这样的生活让他疲惫不堪、极为厌烦，丢掉洗盘子的工作后，他又到一家停车场去洗车，接着又换了一家清洁管理公司工作。在清洁管理公司，他常常洗地板到深夜。这样频繁地更换工作，让他在闲暇的时候，总忍不住想：难道我一辈子就这样洗东西？

他开始尝试改变自己的生活——每天辛勤的体力劳动之后，他都会用五小时时间学习。当时，很多同伴都不能理解——为什么一个做体力劳动的人每天还要这样拼命读书？他对他们说："读书就是为了改变自己的生活，我不想一辈子做这种工作。"

二十岁那年，他开始到处旅行，曾经和两位好友用三百美元，穿越了美洲、欧洲、亚洲和非洲，靠汽车和步行，行程一万七千英里。在非洲撒哈拉沙漠，他吃尽了苦头。也就是那个时候，他开始意识到——每个人都必须穿越自己的撒哈拉沙漠。

此后的几年，他居无定所，到处打工，每天连续工作十二小时，忍耐着高温、尘埃和机油等恶劣不堪的工作环境。后来，就连这些出卖体力的工作也找不到了，他便开始从事直销工作，挨家挨户上门推销商品。可这样的生活始终让他无法摆脱人生的困境。

三十岁那年的一个晚上，夜深人静，他却怎么也无法入睡，不甘平庸的他开始问自己：为什么我这么努力，却还是住在便宜的公寓中，不能开名车、住豪宅？这时，他渐渐意识到，成功或许没有捷径，如果有的话，那一定是规律。

惊人的转变，从那个夜晚开始。此后，在业余时间里，他开始认真地思考成功的方法。通过观察同一家公司的顶尖业务高手，他开始学习他们拜访客户以及时间的管理方法。之后，他开始对自己进行有序的调整，制订了一系列新的工作规划，并付诸实践。

令他意想不到的是，奇迹出现了。不久，他的业绩开始迅速飙升，很快赚到了数倍于以前的收入。他开始踏入成功人士的行列，事业也一片坦途。

这样的生活过了将近十年。他渐渐从一个名不见经传的小业务员，成长为一名业务出色的超级业务员，他的业务越做越大，为很多的老板赚取了百万财富，也为自己赢得了不一样的人生。

但是，在他的人生进入坦途、事业一片光明的时候，他又开始问自己——这就是我想要的生活吗?不，我要把自己的成功经验和别人分享。当许多人都以为他要大展宏图、一路高歌、快步前进的时候，他突然放弃了这项事业，反而转去做演说家和作家了。

凭着自己的执着与智慧，以及对成功的独特理解和对成功规律的准确把握，很快，他就成长为在国际上光芒四射的演说家和潜能激励大师。他开始不断出版专著，四处演说。

二十多年来，他的足迹遍布九十多个国家，曾经在四十多个国家成功举行了演讲，有四百多万人接受过他的言传身教。他成了全球业务员顶礼膜拜的心灵导师，包括世界首富比尔·盖茨、巴菲特、迈克尔·戴尔和杰克·韦尔奇也都曾听过他的演讲。他出版了多部成功学著作，作品畅销全球。

他就是美国著名成功学大师安东尼·罗宾的潜能激励导师、当代中国成功学大师陈安之的师公、全美最具影响力的演说家和成功学讲师、当今世界上最知名的心灵导师——博恩·崔西。

如果人生是一次漫长崎岖的旅途，那么改变旅程路线与方向的最好办法，就是在路途中以及路途的岔口处，不断地问自己：我们究竟要到哪里去?我们怎样才能成功到达那里?

点 评

理性的质疑是一种推动力，质疑可以促进改变。许多事情的改变，都源于质疑。不破不立，质疑是思想认识上的破，成功和结果上的立。

人性的柔光

作家心语：人性的光芒照进现实，生活就是暖的。

2008年8月，英国一位顾客购买了一款苹果手机。在激活手机时，他惊奇地发现，手机里出现的竟然不是默认图片，而是一张中国女孩儿的照片。照片中，女孩儿身穿粉色工作服，头戴粉色工作帽，显得非常可爱，胖嘟嘟的脸上露着微笑，半趴在工作桌上，两只戴着白色手套的手向镜头做出"V"字手势。在她身后，车间的情形一览无余，有其他工作人员正在忙碌地工作。

此外他还发现，手机里关于这个中国女孩儿的照片，竟然不止一张，并且都是同样的甜美笑容。按照常规，在消费者权益保障相当严密的英国，对于这样一起质量事故，拿到被用过的手机后，买主一般会愤怒地去要求退货，甚至要求赔偿。但是，他却没有这么做——那张笑脸，深深打动了他。

带着巨大的好奇心，他把这些照片上传到网上与其他网友分享，没想到竟引起轩然大波。短短几天时间，这个无名女孩迅速走红互联网，被人们称作"中国最美打工妹"。

有网友在留言中开玩笑说，他们在考虑将自己的手机退回厂家，因为他们的手机上没有这名女孩的照片。

很快，照片从海外流传到国内，国内外都相继开出以"苹果女孩"命名的网站，搜索讨论该女孩的情况。

事情很快就有了眉目，原来该照片之所以被存入手机中出售，是负责苹果手机加工的深圳富士康公司手机检测人员工作疏忽所致。这名女工当时向正在检测手机拍照功能的同事笑了一下，结果被同事拍了下来，而这名同事忘记删除手机里的照片，之后便销售了出去。

面对这个意外错误，国内很多网友给予的是正面积极的评价：女孩的微笑已定格成永恒的美丽；让海外顾客了解到他们手上的产品是谁付出的劳动，也未尝不是好事……一位上海网友则表示："这是我们一线工人的笑容，从她的笑容里，可以看到中国人的乐观与豁达！"还有的网友甚至表示："如果我知道苹果手机在发售的时候会奉送一张可爱的女孩照片，我不介意额外掏些钱（当然要是有电子邮件的联络方式那就更好了）。"

当大家都在对这个"美丽的错误"津津乐道时，也有许多热心网友正在为女孩儿是否会因此被公司开除而担忧。很快，富士康公司给出的答案是"不会开除"，但他们会尽快采取措施，以避免此类事件的再次发生。在他们看来，整个事件不过是一个"美丽的过失"而已。

此后，有网民建议富士康科技集团将这个女孩儿作为苹果手机大使，因为她的微笑显示枯燥乏味的流水线工作其实也还是蛮有趣的。

有学者出来发言，认为，如今产商在对产品进行广告宣传时，多喜欢用一些漂亮的女性进行代言，想告诉用户他们的产品是美丽的。然而，却很少有厂商对产品的生产者进行宣传，而这起事件给出的启示是：那些生产者不仅外表美丽，从她们的笑容中，也可以看出她们的心灵也是美丽的，如果在进行广告宣传时加以引用，也算是对产品的一种增值。

而社会学家认为，该女工美丽的笑容告诉世人，他们的努力工作正在为全球经济做出巨大贡献……

整个事件中，我们看到的不是惩罚与不满，而是宽容与微笑。整个事件，让人们充分感受到的，是来自人性的柔光。

> ★★★
> **点 评**
>
> 好文章需要有积极的社会意义，正如这篇文章，让我们感悟到和谐社会的发展趋势是越来越具有包容性，这不仅仅使人与人之间的关系发生了变化，也是社会关系体系的一次变革。爱的力量在传递中被逐渐放大，产生巨大的力量。在宽松和谐的社会关系中生活、交往，将会处处彰显人性的光辉。这篇作品还有另一种传授写作技巧的意义——能让初学写作者了解新闻素材如何在写作中运用。

梅斯菲尔德老人的最后遗产

作家心语: 信念让我们不在繁杂的现实面前迷途。

伊迪丝·梅斯菲尔德生于美国的俄勒冈州,在西雅图和新奥尔良随母亲长大。1966年为了照顾年老的母亲,她搬进了西雅图巴拉德西北46街一个两层楼的小房子,一住就是四十多年。

2006年,一家开发商看中了这个地方,想在这块区域建一座五层的商业大厦,很快,这里的老住户开始纷纷搬走,而在这里居住了多年的八十四岁孤身老太太梅斯菲尔德,却拒绝搬走。老太太顽固得无可救药,无论开发商怎样劝说,她都不为所动。

无奈,开发商只好提高搬迁报价,想以此打动老人的心。可事与愿违,经过数次提价,直到升至一百万美元,老太太仍然不改初衷。

其实,据当地市政部门的评估,这栋建于1900年,只有九十多平米,又破又旧的老房子,仅值八千美元,房子和地皮合起来,最多也不过十几万美元。而且,随着城市改造,老太太的房子不远处有辆垃圾车,每天总在不停地发出巨大吵人的轰隆声。随着工程进展,吊车的吊钩也天天在她家屋顶上晃悠,极不安全。而且,对于这个交通事故多发地段,周围邻居早有怨言,现在,他们利用这个千载难逢的机会,早已高兴地纷纷搬走了。于是老太太在那里,成了真正的"孤家寡人"——不仅没有一个家人,连一个真正的邻居也没有了。

虽然梅斯菲尔德拒绝了开发商的提议,但是这并没有影响开发商在这一地区建新楼房的决心。开发商无权强拆她的房子，在求助西雅图地方政府无果后，最后只得修改了图纸，三面围着她的小房子，把五层商业大厦建成"凹字形"。

在大捧大捧的美元面前，老太太居然不为所动。许多人为此表示不解，可老太太这样解释说："我不想搬出去。我经历过第二次世界大战，噪声对我来说又有什么？我今年八十四岁了，这里是我的家，我在这里生活得很快乐，很开心，我哪也不去……我不需要钱，就算有钱，我又能干什么呢？"

梅斯菲尔德的遭遇经媒体报道后，她一下成了当地名人，表示赞赏和支持的信件从世界各地不断寄来。一封来自韩国首尔的信件，写道："梅斯菲尔德认为世界上有比钱更重要的东西，这种观念令人由衷佩服。"还有一封信，这样写道："她是人类灵魂中最后的坚持。"不少网民纷纷留言，表示赞赏她的勇气，并称她为西雅图"最牛钉子户"。

令人更加想象不到的是，老人的精神，同样也打动了对手。承建新楼房的建筑公司负责人巴里·马丁，在了解梅斯菲尔德的经历后，对老人的遭遇倍感同情。他知道她从小就很"固执"，而且她唯一的儿子也在十三岁时患脑膜炎病逝，现在老人身边没有任何亲人。同时，老人的做法，他也表示理解——这座老房子，应该是老人弥留世间，最后的情感所系吧。

不久，马丁就和梅斯菲尔德成了好朋友，并承担起照顾这位老人饮食起居的责任。他叮嘱建筑工人施工的时候要特别小心，要像对待自己的外婆一样保护梅斯菲尔德。老人也从来不给施工方添任何麻烦，她每天干的事就是在家听听音乐、看看电视而已。

在梅斯菲尔德生命的最后岁月里，马丁为她做饭，帮她取药，替她出去买东西，希望她能尽量舒服地待在家里，安享晚年。

2006年6月15日，在爱的包围下，梅斯菲尔德老太太因癌症医治无效，在家中安然去世。她得偿所愿，在自己家里，就在她母亲当年离世的同一个房间，同一个沙发上，告别人世。临死前，她在遗嘱中，将所有财产都留给了照顾她的人——巴里·马丁。

生前，老人的所作所为赢得了世人的尊重。老人去世后，西雅图地区的不少人自发前往老人的小别墅凭吊，以鲜花和丝带，向这位生前的"草根英雄"致敬。

老人的故事，同样也打动了迪士尼公司。在北美上映的动画片《飞屋环游记》，让老人的房子更加出名——影片的内容和她的经历颇为相似。2007年5月26日，迪士尼公司在这座房子上系上了五颜六色的气球，向老太太致敬。这座系上气球的房子，如同影片《飞屋环游记》的海报一样，充满童趣。

2007年6月30日，房子的继承人马丁以三十一万美元的价格，把房子卖给了一家地产指导公司的老板格雷格·皮诺。之后不久，皮诺准备对房子进行改造，让房子和旁边的商业大厦一样高，下面是一个两层的开放空间，向市民开放。

他为由这栋房子改造的建筑，起名为"信念广场"。他认为，这栋房子，可以让每一个美国人重新思考自己的人生。

生命中，总有一些东西应该去牢牢坚守——我想，这就是这位被人称为史上"最牛钉子户"的老人，留给世人的最后的遗产吧。

点 评

学会坚守是当今物欲横流的时代需要学习的一项本领，也是透过浮华世界走进内心幸福的必经之路。学会坚守，就要不为浮躁所动，不为金钱所惑，不为名利所累。

达仰的教诲

作家心语：苦难是生活最深的土壤，是人生最好的养料。

1920年冬天，在法国留学期间的一次茶会上，徐悲鸿有幸结识了法国当时最为著名的大画家达仰。此时，徐悲鸿只是一个初到法国学习美术的留学生，而达仰却是法国画坛的泰斗。初见大师，自然激动不已。作为初出茅庐的晚辈，他表达了自己的仰慕之情，并迫不及待地向大师提出了拜师学艺的请求。

面对这个态度诚恳情真意切的东方才俊，喜欢提携后人的达仰，爽快应承下来。那次他们交谈甚欢，达仰还不忘告诫他：学美术是很苦的事，不要趋慕浮夸，不要甘于微小的成就。临走时，达仰将自己的家庭地址留下来，并极为真诚地对徐悲鸿说："你每个星期天可以来我的画室学习作画。"

此后，只要徐悲鸿身在巴黎，每个星期天的早晨，他都会带上自己的作品到希基路65号老师的画室，向老师请教。达仰亦师亦友，倾尽全力地对他进行学业上的指导。

留学期间的求学生涯是极其艰苦和枯燥的。为了节约开支，徐悲鸿甚至连续几周只是以面包和冷水充饥，学业上尽量不画耗材费用很高的油画，而是把重点放在了费用偏低的素描上。请不起模特他就画妻子蒋碧薇，有时还对着镜子画自己。有一次，去参观法国全国美术展览，沉迷于艺术之中的他在展览馆里流连忘返，一天都没有进食，黄昏的时候，走出展厅，天降大雪，可他只穿了一件单薄衣服，冻得瑟瑟发抖。又冷又饿的他跑回家中，赶快冲了一个热水澡以此驱走身上的寒气，没承想，从此落下了终生不愈的肠痉挛病。他常强迫自己忍痛作画，现存的一幅素描上就写着这样一句话："人览吾画，焉知吾之为此，每至痛不支也。"

到了1921年，因为国内时局动荡，北洋政府中断了留学生的生活费，徐悲鸿夫妇只好被迫来到消费较低的德国柏林继续求学。这期间，因为喜爱伦勃朗的画，他便去博物院临摹，每天都持续画十小时，其间连一口水也不喝。特别是在临摹伦勃朗的《第二夫人像》时，他下了很大的功夫，觉得略有收获，但仍不能用在自己的作品上，于是更加努力。

1923年的春天，一度中断了的助学金又开始发放，徐悲鸿才从柏林回到巴黎。苦难困顿的生活和艺术技艺的徘徊不前，让他难以忍受，在看望老师达仰的时候，他道出了心中的苦闷。

达仰看着他困惑的表情，没有正面回答，而是极为平静地给他讲述了这样一件事情。他说："在法国19世纪有个名画家叫穆落脱，可以说是个天才，凭着他的才华，本应能成为最出色的艺术大师，但是，他最终没能达到达·芬奇、米开朗琪罗、拉斐尔这些一流艺术大师的高度。这是为什么呢？原因是他在艺术道路上没有经历过苦难。伟大的艺术家都有坚韧的毅力和向全人类倾诉的愿望，而没有经历过苦难的人，往往就会缺乏这种远大的抱负。"

达仰洞若观火无比深邃的思想，仿佛是黑暗中亮起的一盏明灯，一下子照亮了徐悲鸿内心灰暗的世界，使他在迷惘的人生十字路口重新看到了生活的希望。听完老师充满着人生智慧的教诲，徐悲鸿忽然有种醍醐灌顶的感觉，重新激发了他在困境之中奋起前行的热情。后来，徐悲鸿把苦难作为知己，以苦难为精神养料，终于成长为蜚声海内外的大师级的画家。在导师达仰身上，他不仅学到了成为艺术大师必须具备的艺术修养，还学到了极为珍贵的人格修养。

　　多年以后，功成名就的徐悲鸿仍念念不忘恩师的教诲。想起恩师，他总也忘不了当年分别的情景。面对即将天各一方的老师，他不胜感激，极为真诚地说："今生除了父亲之外，教诲我最多的就是达仰先生了。"

★ 点　评

　　人世间的灾难与苦难本来就是一个常数，人生就是一个受难的过程，苦难是人生底色。接受苦难、理解苦难，才能超越苦难，使人生在苦难中得以提升。经过苦难洗礼，人才有了博爱的大胸怀和大志向，像耶稣被钉上十字架一样，用个体的受苦来适度缓解大众的苦难。

为人生画圆

圆，应该是几何图形中最美最神奇的吧。你看，车轮是圆的，所以能行走无疆；太阳是圆的，所以能恩泽四方；植物的根与茎，也选择以圆形的方式向外发展，是为了能最大地减少自然的伤害，并谋求最大的生存空间。

所以，人生至境，我以为，也不过是一个又一个圆。为人生画圆，应是每个人心中的圣境。但人生的圆，有几人能画得好？

记得中学时上数学课，老师告诉我们画圆的"秘诀"：一要将钢针深深扎进纸里，牢牢固定，这叫作"圆心确定圆的位置"；二要控制住半径的长度不变，这叫作"半径决定圆的大小"。做好这两点，没有画不好的圆。

细想，为人生画圆，亦当如此。

那些懂得为人生画圆的人，一定是明白之人：知道自己有所为有所不为，一旦确定了人生的方向，就不会再左右摇摆，更不会跳来跳去；他们清楚自己的能力有多大，本领有多高，明白凡事尽力而为，而不可强求，更不会轻易"越雷池半步"。

那些懂得为人生画圆的人，一定是执着之人：知道坚守自己的位置不动，牢牢坚守自己的人生轨迹不移，那些困厄与诱惑，统统见鬼去吧。

那些懂得为人生画圆的人，一定是坚毅之人：一旦出发，路再遥远，也要跋山涉水，历尽艰险，勇往直前。

那些懂得为人生画圆的人，一定是智慧之人：知道人生之路不是坦途，更不会是一条直线，所以要学会变通，要前进就要学会转弯，再转弯，但从来不会改变自己人生的半径，更不会改变人生的轨迹。

图纸上的人生，圆好画；现实中的人生，圆难成。所以，为人生画圆，贵在坚守，要坚守，坚守，再坚守，哪怕所走的路永远是一条曲线，也不为之改变。

点 评

这是一篇充满哲理的精品美文，带给读者的一定会有诸多智慧的人生启迪。中国人对人生的最高追求是圆满。在追求圆满的过程中，增加智慧，锻炼意志，提升人生境界。圆更像是中国的太极图，充满了中国人对人生的哲学思考。

永世的赞美

作家心语： 目光长远，步伐才不会止于脚下。

乔尔乔涅与提香同为意大利威尼斯画派的代表人物，而且两人曾经还是要好的同学——早年，都跟从威尼斯著名的画家乔凡尼·贝里尼学习绘画。

刚学画的时候，乔尔乔涅是威尼斯最漂亮的花花公子，而提香不过是个毛头小伙子。学画期间，两人志趣相投，关系甚密，结下了深厚的友谊。乔尔乔涅奉行享乐主义，开放的思想行为、熟练的绘画技巧以及对色彩超乎寻常的敏感和表现力，使乔尔乔涅成了提香极力效仿的对象，尤其是在绘画方面。渐渐地，提香对乔尔乔涅的崇拜到了无以复加的地步，他投入大量时间和精力，用来学习和研究乔尔乔涅的绘画风格，日夜临池，勤奋不辍。

后来因为一次过失，二人被老师逐出师门，另立门户。作为忠实的追随者，提香开始协助乔尔乔涅工作，不仅代为处理一些私人事务，而且还参与到他的作品创作中来，成为他事业上最重要的助手。有着超人绘画天赋的乔尔乔涅，因为精湛的绘画技艺，迅速名扬整个威尼斯，拥有一大批极力追捧的"粉丝"，画作极为畅销。订画的主顾，冲着乔尔乔涅的名声，纷至沓来。在绘画界享有极高声誉的乔尔乔涅，在艺术上的成就，此时已经超过了老师乔凡尼·贝里尼。

或许，是被一时的成功冲昏了头脑，生活在一片赞美声中的乔尔乔涅，很快就迷失了生活方向。他变得极为自负，一度以为自己的绘画技艺已然达到了无人可及的顶峰，从此不需再刻苦创新。本来已是放荡不羁，此后他更是抓紧一切时间及时行乐，整日迷失在纸醉金迷的享乐生活中，把大好时光放在追逐贵妇人和痛饮杯中物上。而此时的提香，却不分昼夜地研读他的绘画作品，从形式到内容都极力模仿，最后竟然达到"神似"的地步，以至于人们无法辨别出作品的真正作者究竟是谁。乔尔乔涅精细的荫凉风景图、丰富的色差和消散技术对提香产生了巨大的影响。提香进步神速，创作出一系列宗教油画，作品有着让人难以忘怀的庄重，同时奢华而色彩鲜艳。

再后来，他们开始独立接受订画。忙于享乐的乔尔乔涅，因为沉迷于享乐生活，无暇专心创作，有些画作只是匆忙画了几笔便放在一边，剩下的则由提香代笔完成，甚至有的整件作品都由提香独立完成。这样的机会，使得提香把乔尔乔涅的绘画风格发挥到了极致，并且有所突破。据说《卧着的维纳斯》就是这个时期完成的。作为乔尔乔涅的代表作，这幅作品为乔尔乔涅赢得了巨大的声誉。可是，令人难以置信的是，这幅画作的风景部分则是由提香独立完成的，甚至有人认为维纳斯这个主体形象提香也参与很多，以至到了后来，常有人把这幅作品的作者认定为提香。

终于有一天，乔尔乔涅惊讶地发现，提香在色彩创造和绘画技巧方面已经超过了自己，顿时痛心不已。受到沉重打击的乔尔乔涅，开始怨恨和疏远提香——他们之间的关系开始变得冷淡和紧张。按理说，此时乔尔乔涅亡羊补牢为时不晚，发愤图强还能确立自己的地位，可每当他欣赏到提香的作品时，都会感到芒刺在背，不安和沮丧整个笼罩了他的心，从此他开始刻意堕落，一方面变得郁郁寡欢，另一方面则把这种内心的不安发泄到更加放肆的寻欢作乐中去。

不幸随之降临，在乔尔乔涅三十三岁那年，风华正茂的他，耗尽了精力，不幸感染上鼠疫，英年早逝。他像一颗流星，绚丽地划过夜空，转瞬间消失得无影无踪。而此时的提香早已名满天下，成了"一个老天看上的人"。

乔尔乔涅的早逝使提香开始了独立的艺术发展。他的成功标志着威尼斯画派艺术的成熟。随后提香身上散发出一种绵绵悠长而不断增长的忧伤，在其晚年，这种忧伤在其作品中得到了尽情释放——通过极端大胆的、以几乎是印象派的溶解方式表现出来的描抹自由，而得到加强。有人说，这种忧伤，或许就来自于他对乔尔乔涅深深的缅怀与无限的痛惜之中。

1576年，威尼斯大瘟疫爆发，人们在北部海岸的一栋别墅中找到了提香，和死亡捉迷藏的游戏结束了，他在八十七岁时终于向死神屈服，结束了他光辉灿烂的一生。而与乔尔乔涅形成鲜明对比的是，百年之后，乔尔乔涅已经鲜有人提及，而提香，凭借执着的努力与辉煌的成就，留给世人的却是无限的崇敬与永世的赞美。

点 评

傲慢与嫉妒，是人生前进的挡路石。而成功者会有意避开自己设置的路障，以谦虚和关爱的姿态，不断前行。文章告诉我们一个道理，心理上的缺陷是个人才能的沙漏，不久就会流失殆尽。

第**3**辑

图书馆恋情

一颗硕大的泪滴，从她眸里滑落。她知道一切都已结束，何必去纠缠不清。然后，她转回头，头也不回，快速走向远方。

桂花

作家心语：残酷现实面前，没有不被伤害的情感。

明月高悬，丹桂飘香。

月光从天上泻下来，院子里一池银子般的光亮在微风的徐徐吹拂下，起了褶皱，闪着鳞波。整个院子仿佛成了一面微蓝的湖。八月的夜，静得出奇。桂花家院子里正中那棵桂花树，此时正嘎巴嘎巴恣意地开放，抖落一院子的香气，待人来嗅。

本来是要睡的，可怎么也睡不着。翻来覆去折腾了半宿，桂花又翻身起床，披一件薄薄的外衣向外走。咯吱一声，推开一扇木门，踩一地月光，袅娜着来到桂花树下，立住，抬头，静静地仰望着头顶一轮明月。

一动不动，一愣就是许久。

定是想人了，低下头来的时候桂花的眉头已经挽成一个疙瘩，白净的脸在这明净的月辉中竟然是灰暗的。来时，她捎来一条手帕和几个彩色的线团，反正睡不着，不如就着满院的月光把那幅鸳鸯图绣了。想着想着，桂花就坐下来，坐在桂花树下的木椅子上开始做起了女红。飞针走线，织出来的是她细密的心思，穿插腾挪，绣出来的是她浓稠的相思。

五年前，大军走的时候牵着她的手信誓旦旦地说，当兵回来，一定娶了她当媳妇。可五年转瞬即逝，大军竟然音信全无消失得无影无踪。桂花也曾给他所在的部队写信，回复的却全是查无此人。眼看着村里一茬一茬的姑娘出嫁的出嫁生子的生子，自己仍孑然一身，这可愁煞了人。爹和娘不知劝了多少遍，可桂花那颗心丝毫没有动摇。

"就等大军哥了，非他不嫁。"吵翻了脸，桂花就生气地丢出一句话。

这句话不光是撂给爹娘听，也是甩给全村的男女老少听的，自然包括大军的爹娘。可那句话不过是丢进湖里的一块石头，扑通一声砸出一个水花后，再也不见了动静。大军家的人竟然对此毫无反应，一副漠不关心的态度。这让桂花很意外。也曾想过找他们家人理论，可想了半天，她迈出家门的脚又退了回来——你是人家什么人，是未过门的儿媳妇？当然不是。那人家凭什么会给你一个说法呢？

事儿就这样僵持到这儿，进不了，也无路可退。但放出去的话如泼出去的水，想要收回来可就没那么容易了。自从这句话传出去后，便再也没有一个媒婆踏进她家院子半步。仿佛桂花真的是个定了亲事的人。可又真的不是。你说别扭人不别扭人。

想大军哥的时候就绣鸳鸯，一幅一幅地绣。

此时，爹娘已经睡去，爹的呼噜声正一声高过一声地从西厢房里隐隐约约地传过来。娘睡着睡不着听不出来，但猜想应该是睡不着的。

夜已经很深了，事情仍没想出一个所以然，枉费了一段大好时光，绣着绣着桂花就怨忖起来。不想了！桂花起身决定回屋休息，她刚欠了一下身，屁股还没完全离开椅子，只听，啪嚓一声脆响，院子正中落下一个布包。

"谁？"

桂花吓了一跳，起身问，然后瞪大眼睛一脸惊恐地对院子四周扫了一圈又一圈。

竟然没见半个人影儿。

又等了一会儿，还是悄无声息。

桂花迟疑地走过去，弯腰捡起那个布包，抖开看。里面竟然放着一块摸着冰凉又光滑的石头，还有一封信。

拆开来就着明晃晃的月光读，读得桂花的脸开始五颜六色地变，从红到绿，从绿到黑，而后到紫，最后成了一张毫无血色的白，苍白得连月光都衬得毫无光彩。然后，桂花开始哭起来，很快惊动了西厢房里的爹娘……

半年后，桂花的亲事终于定了下来。再也不等了，等下去还有什么意思呢?很快，迎亲的花轿就抬到桂花家门口。一阵鞭炮响过，桂花泪眼花花地走出家门，弯腰一低头，坐上花轿走了。

转年间，桂花怀里抱上了娃，新生活又重新开启，但她那颗心却还是沉重的。哪能轻易就缓过劲儿来，于她那么重要的一个人哪会轻易忘却呢?

有一次，带娃回娘家。在街上，一抬头竟然撞见了"鬼"，吓得她脸色惨白。

"大军哥，你……你……你是人，还是鬼？"桂花哆哆嗦嗦地问。

一身戎装的大军就眼泪吧嗒吧嗒地落。咬着嘴唇，一语不发。

当然是人，大白天哪会有鬼。待桂花明白过来，怎么都无法接受眼前的事实。两人当街对视了一会儿，那出戏怎么都续不下去的时候，是大军先动的身子。转身走的时候，桂花看见他甩着空空的袖管一瘸一拐慢慢离去的身影，怔住了。

桂花从怀里又掏出那封信，抖开来一遍遍地读。两行眼泪止不住地往下淌。

那是一张部队发来的阵亡通知书。

还能说什么呢?

点 评

　　读文章，关键在于如何解读背后的故事，就像这篇，故事的背后还隐藏着另一个故事，因为遭遇变故身患残疾，在爱情面前，为了他人的幸福，选择了主动退出。选择是艰难的，爱的背后满是辛酸和眼泪，是伟大的牺牲。

玫瑰，玫瑰

玫瑰是一个小镇。玫瑰是一位姑娘。

小镇四季如春，繁花似锦。玫瑰含苞待放，娇艳欲滴。小镇有一处庄园，花团锦簇美不胜收，可偌大的庄园里却只种植一种花——玫瑰。美丽的玫瑰花布满庄园的每个角落，白的，红的，黄的，黑的，紫的，或含苞待放，或怒放如菊，姹紫嫣红花了人的眼。一阵清风拂过庄园，小镇便沉醉在四散弥漫的淡淡花香之中。其实玫瑰出生之前，小镇还没有玫瑰，玫瑰出生那年小镇才开始种植，从此，小镇便有了一个好听的名字——玫瑰小镇。她的父母在她出生时，便也给她起了这个好听又浪漫的名字。

长大后的玫瑰，在庄园里做了一名花匠。玫瑰有着一双灵巧的手和一颗玫瑰般的心。

玫瑰一袭红衣，轻挽云袖，露出一截白藕的臂，用一双绣花的玉手分开花枝，再踮起脚尖，轻轻巧巧地就钻进了花丛中。然后，化作一只蝴蝶，在微风拂面香气四溢的花圃里，时而驻足，时而起舞。

"玫瑰玫瑰，玫瑰玫瑰。"忽然有人亮了嗓门脆生生地喊。她便直了腰扭回头看，然后粉了腮，红了脸，低了头，让一头如瀑的黑发遮住了脸。那一双亮亮的眼睛却没闭上，透过发丝缝隙的亮光偷偷地望。接着，便是静静地、久久地伫立，无声无息地让自己化作花海里一朵普通的红玫瑰。

当然不是叫她的。是一位客人嚷着装货。远远地，便能听到他们的叫嚷声。人群中最惹人眼的是一个白衣少年，站在花圃外指手画脚，几个工人模样的汉子便围着他团团地转。微风扬起他的长发，鼓动着他的衣袂翩翩起舞，像极了一面迎风飞舞的旗帜。倏然间，她的心就醉了。

之后便是昼夜无眠的期盼与长长的等待。仿佛是要等一个世纪他才来——等他来时，再朗声唤"玫瑰玫瑰，玫瑰玫瑰"。

果然不久他又来了。依然是一袭白衣，周围依然有几个随从。依然站在花圃外指手画脚用清脆的嗓音喊"玫瑰玫瑰，玫瑰玫瑰"。那时，太阳初起，晨雾还未完全散去，玫瑰正弯腰站在花圃里忙碌。白皙的手背上沾满了晶莹剔透的花露，潮红的脸，湿湿的，挂着一层毛茸茸的汗水。

听到他的叫声，她心尖一颤，竟然应了一声。

"我在。"

我在——是呀，就是我在！还能怎样应答呢？这便是她心底里最美的声音了。

只是她的声音太低了，太弱了，只有她自己能够听到。但她却真切地看到少年朝她望了一眼，露出一口雪白的牙齿，冲她痴痴地笑。仿佛是找寻了她很久方才找到。那笑像一枚落入水潭的石子，只听啪嗒一声，便荡起了无边的涟漪。

自此玫瑰的心开始魂不守舍。而少年却从此销声匿迹。

"玫瑰玫瑰"，依然有人在叫。她听了先是一喜，然后扭回头看，接着，眼神里的光彩开始一点一点黯淡下来。是父母亲亲的叫，是哥哥暖暖的叫，抑或是老板不满斥责的叫。

一年后，玫瑰辞去了庄园里的工作，还从老板娘手里要了少年的地址。再不走，那颗心，就会完完全全地凋谢了。

长途奔波舟车劳顿终于在一座城市的花店里见到了他。依然是一袭白衣，依然有着翩翩的风度，只是瘦了。

当玫瑰一袭红衣亭亭玉立地站在他面前的时候，他吃了一惊，腾地红了双颊。

"你不记得了，我是玫瑰呀。你叫过我的名字呢？！"她轻启朱唇，笑盈盈地望着他说。

少年看着她，露出一副似曾相识的样子，摇了摇头，仿佛在说：当然不记得了。我们真的认识吗？

泪水终于止不住流了出来。

冲出小店的时候，玫瑰满耳朵听到的都是叫她的声音。

"玫瑰玫瑰。玫瑰玫瑰。玫瑰，玫瑰……"

可她没有回头。

然后她看到一张张灿若桃花的脸和红男绿女们匆匆掠过的身影。

那天，她是一路逃回去的，路上，她还用棉花塞住了耳朵。

"原来——你找的是他呀，他是一个哑巴呀！！！"那天傍晚回到玫瑰小镇的她，又到庄园里找活干，老板娘轻撇了嘴，鄙视着，用略带嘲讽的口吻对她说。

"怎么好好的就哑了？"

"车撞的呗！"

老板娘说完后不再理她扭着腰身忙去了。留她一人在痴痴地想，痴痴地发呆。

痴痴发呆的玫瑰浑然不觉或是竟然忘了，那天是2月14日，一年一度的情人节。满大街都是卖花的少男少女，满大街都是娇滴滴甜丝丝黏糊糊的叫卖声——玫瑰玫瑰，玫瑰玫瑰……

★ **点　评**

　　青春的岁月里总会出现一些朦胧的故事，朦胧的故事里有的是朦胧的情感，朦胧的情感里表达的却是对爱情的忠贞。本篇文章故事浪漫，语言温润，有着唐诗宋词的韵味。故事之外的意味更多于故事本身。

图书馆恋情

这个城市的图书馆二楼有一个宽敞明亮的大房间是期刊阅览室，书架上整齐地陈列着各式各样的期刊。临近窗户的位置，摆放着两排桌椅，以供借阅者坐下来阅读。每个周末的下午，他都会步入这个房间，选择几本文学期刊，然后坐在窗口的位置，静静地阅读。

那时候，时光静谧，岁月无痕，大朵大朵的阳光洒落在他前方的桌面上，他的心就暖洋洋的。在那样一种闲适的氛围中，他开始了阅读。直到天黑下来，图书馆要关门的时候，他才抬起头巡视四周，然后站起来，走过去，把书放回原位，再轻轻地走出图书馆。

许多个周末，他都是这样度过的。那个时候，他专注阅读的样子曾引起她的关注。可是，她并没有走过去向他问候，连一个招呼都没打。那时候，她青涩，纯洁，如一朵含苞待放的百合。但是，那青春的背影，她是熟识的，他阅读时微蹙眉头的样子，她是喜欢的。

有一次，他离开图书馆的时候正值夕阳西落的时刻，他的背部镀满金色的阳光，轻轻地穿越偌大的庭院，最后在门口消失了。他不知，那天他身后有一个女孩子的身影一路尾随着，他们彼此间保持一段不远不近的距离。最后，她看见他进入一个住宅小区，才停住脚步。

她是谁呢？她不过是来市图书馆帮助料理事务的义工，也有一颗浪漫温润的心。那时她在附近一所大学读书，闲暇时刻，会找一些活干，还有就是去做义工。

她不知怎么就喜欢上了他。他不帅气，也不高大，并没有优雅迷人的风度，但是，他身上有淡淡无法抹去的忧伤，有平静安然的味道，那平和中传递出来的温度是暖暖的。其实他打动她的，不过是一个温和的身影，平淡忧郁的气息而已。可是这便够了，这便是他独特的地方，在她看来，那些潇洒、张狂、特立独行已经不再是稀有品了。

在图书馆相遇过若干次后，在一张当地的晚报上，一首小诗下面，她发现了一张他的生活照。那是一张忧郁迷惘的脸，只一眼，她就认出了他。于是，她顺理成章地知道了他的名字。

再后来，在图书馆相见的时候，她便有了唤他名字的冲动。为此她在心里曾经预演了多次，但是，每次都是紧张得涨红了脸，结果一个字都说不出来。于是，再见他，她决定不再言语，以沉默面对。她开始默默关注他的写作，把他在报纸及杂志上发表过的诗歌与文章一点一点搜集整理出来，然后在一个人的黑夜里挑灯夜读。那种阅读仿佛是在修炼读心术，通过文章的一字一句，去揣摩他内心的波澜。

后来，她也开始写文章，偶尔也有文章在当地晚报的副刊发表。尤其是当她看到和他在同一版面一同刊出时，她的内心总免不了要激动好几天。

是一年以后，在晚报副刊组织的文友交流会上，两人终于有了近距离的接触。那天，彼此谈了对对方诗文的一些看法，后来，她又谈起在图书馆里的相遇。他吃了一惊，说："是呀，我说看你怎么这么眼熟，原来在图书馆里经常遇见呀。"再后来的交往就水到渠成顺理成章了。那些图书馆里的浅言低语、温言细语、柔情蜜语以及默默无语，曾把彼此的内心填满了甜蜜。

转过年，她要毕业了，也将结束在图书馆做义工的工作。于是，选择一个周末的黄昏，她约他出来坐坐。在附近一家咖啡馆里，两人谈了很久。只是，说那么多的话，他始终没有表达出挽留的意思。他只是说："见不到你，以后连个贴心贴肺的朋友都没有了，真是太可惜了。"她笑笑，无语，还能说些什么呢?那天，走出咖啡馆的时候，夜色已浓，天空中正飘着蒙蒙细雨，空气里充盈着甜丝丝的潮湿又黏稠的雨水的气息，可她却无比忧伤，想哭又哭不出来。

几天后，她坐火车回故乡的时候，他还是照例到火车站去送她。别时，他说："一路顺风。"她含泪笑了，说："谢谢!"他说："记得抽空写信给我。"她说："好的，记住。"

之后，他们再无见面。她并没有给他写信。在家乡的小城做了一名教师后不久，草草嫁了人。

十年后，她有一次到这个城市出差的机会。后来，她抽空又来到那家图书馆，又走进那间期刊阅览室。她坐在他曾坐过的位置，双手轻轻触摸投在桌面上的阳光，内心依然是暖暖的。

只是她不知，当初，他也是喜欢她的。遗憾的是，那时候，他刚刚结了婚，已经心有所属了。他只好辜负她那颗炙热的心。

黄昏时分，当她走出那家图书馆的时候，落阳的余晖已经散尽。再不走，最晚的火车都赶不上了。

忽然她感觉背后有灼热的目光几乎要把自己后背点燃。回眸间，她瞥见他匆匆转身的背影，一闪，消失在人群中。

一颗硕大的泪滴，从她眸里滑落。她知道一切都已结束，何必去纠缠不清。然后，她转回头，头也不回，快速走向远方。

> ★ **点 评**
>
> 　　爱是沉甸甸的责任，无法承担，就要勇于舍弃。面对真爱，不表达，有时也是一种负责。故事里是淡淡的温暖与淡淡的伤感，把情感温润的美表露尽致。

井水之爱

作家心语: *爱是精神上的理想国。*

遇见他，正是十三四岁情窦初开的年纪。

那天她帮母亲到井边打水，忽地一失手，装满水的木桶如一只高空坠落的石头，直线下坠，然后就是扑通一下沉闷的响声。

她吓了一跳，急切把头探进井里张望，眼睁睁看着深井里的木桶一点一点沉没而束手无策。她急得眼泪汪汪，抬起头时，便看见了他。

清瘦的他站在井台边咧嘴冲她一笑，将一只同样粗大的木桶扑通一声甩进井里，灌满水的桶被提了上来，一把甩在她的面前。

"把它担回家吧。"

望着他微笑的脸庞，她内心全是感激。

那次应该是他们第一次相遇，彼此心间都有一种朦朦胧胧的甜蜜感。后来，她打听知道他住在村的另一头，是刚刚落户的外乡人，年龄长她几岁，内心就生出无限憧憬。

再后来，他们常常在井台边相遇。可是，彼此只是笑笑，再也没有只言片语。

一年后的一个午后，她忽然从旁人口中知道入伍新兵的名字里有他，内心徒然间落满尘土，灰蒙蒙的。再到井台边打水的时候，那颗突突跳动的心总是无法平静。她想对他说些什么，可是，最终还是三缄其口，无功而返。

他参军后，她那颗心便无法安置了。再后来，到了婚嫁的年龄，见他依旧没有回来，她一狠心就嫁了他人。只是在出嫁前夜，她跑到井台边狠狠地痛哭一场，再无他念。

"文革"时期，他却从部队转业回来了，因为身份的问题很快被打成右派，再后来，又被关到村子的牛棚里受苦。夜里，她偷偷跑去看他，给他送去热饭热菜，跟他说说宽心话。那时，她已经是两个孩子的母亲了，而他还是孑然一身。

村里的风言风语很快将她淹没。虽然她不在乎，可是他在乎。每次见她来总要劝上一番。不久，他还是牵连上了她，很快她也被关入牛棚。那段时间，应该是她今生最美的时光吧。一墙之隔的他和她，却因此有了说悄悄话的机会。

斗争还在继续，他和她不时被人揪出来戴着高帽游街。每次只要被游街的人能活着回来，他们就觉得那是一种胜利。夜晚，他们就会唱歌来庆祝，并用最温暖的话语鼓励对方继续活下来。

可是，有一次，他被人揪出来后却再也没有回来。事后，她才知道他不堪折磨，投井了。得知这个消息的时候，她死活都不相信，哭得死去活来。再后来，想想两个未成人的孩子，她的心终于软下来，不再寻死觅活了。

"文革"结束后，她平反昭雪，重获新生。出来后，她去看那口老井，却发现井口周围杂草丛生，一片荒芜。原来，因为这里死过人，再也没人愿意来提水，那口老井便废弃不用了。

之后，村里开始用自来水，高高的水塔在村头竖起来。这时有人建议把那口水井填平了，因为村里不时生出谁家的鸡狗掉进井里淹死的传闻，甚至有一次，村里一个小孩在井台边玩耍，差一点失足落入井里。

村里经过研究，决定采纳大家的建议。

村长带人填井那天，她疯跑着过来，横在井台边死活不让大伙动手。她哭喊着说："不要填，不要填，我愿意用钱买下来。"经过一番争执，村长终于答应了，可是村民不答应。最后她只好硬着头皮应允下来，为这口井建一座院子——把井围起来，不让他人靠近半步。

那时她家里异常拮据，她先是用荆棘在井台边扎起一个带刺的篱笆，然后东拼西凑才建起一个土院子，还在院子里建了一座土屋。

那段时间，家里人都说她疯了，鬼迷心窍，丈夫和她闹翻离了婚，子女和亲戚也不愿意和她来往，她干脆就搬进这座院子住下来，直到白发苍苍。

住在这座院子里。每天太阳升起来的时候，她都要坐在井台边对着那口水井说一会儿悄悄话。那时，她目光安详，神情安然，阳光洒落在她的脸上，一脸金灿灿的笑容。

点　评

传奇的故事不全是浪漫，也有惨烈的现实需要面对。现实愈残酷，真情愈显得纯真和伟大。忠于内心，不为现实屈服，真爱就成了永恒。

爱情货车

作家心语：有真心，才见真爱。

她出山到县城上高中那年，是搭乘他的货车上的路。那时候，他开着一辆东风大卡，威风极了。一路星辰，一路欢歌。彼此间早已是熟识得不能再熟识的街坊。

她说："叔，我到县城上学，你捎我一程。"

他嘿嘿一笑，"唉"了一声，算是同意。

其实，那时候他也就长她两岁，提前毕了业，开着家里的货车跑运输。辈分只是街坊辈，如果站在一起，或许，还有人以为是兄妹俩呢。

山里人，出趟远门难。何况她是每周都要在学校和家之间来一次往返。他家里的那辆卡车，在她眼里就是宝贝了。

可是，那次的确是他们第一次这么近距离的接触。挤在并不宽绰的驾驶室里，开始，两人还是尴尬了一段时间，沉默一段时间过后，终于耐不住寂寞，才浅言浅语地聊了起来。

山里空寂，这黎明前的黑夜尤其孤寂得吓人。好在多一个人，是一个伴儿。聊着聊着，这一路的漆黑与恐惧就没了踪影。

从此以后，每个周末，他都会把货车停在她所在学校的门口等她放学。待到周一的早晨，他再和她一同上路赶往县城。这样的时光，倏忽一闪，便是三年。

　　很快，他到了该婚娶的年龄。她则刚刚考上一所大学。他是喜欢她的，她亦然，只是彼此间没有挑明。在一次结伴的途中，他曾试探着说出心里话。他偷偷地看她的反应，发现她的脸涨得通红，目光里全是羞涩。她没说好，也没说不好。那天，她只是哈哈一笑，说："知道了。"

　　那算是搪塞吗，还是欲说还休的同意呢？他不明白。

　　再后来，彼此相见，他的内心竟然有了一丝莫名的惆怅。他想，他不过是一个东奔西跑的货车司机，而她，却是令人羡慕的天之骄子。彼此间的差距，不言而明。两个人会走到一起吗？于是，自卑像野草一样在他心里疯长，一直长出紫色的哀伤与忧愁。他想等她主动显露心迹，要不，他便放弃。仿佛，那次他说的是玩笑话而已，如一缕青烟，一阵风吹过，即散了。

　　她上了大学后，他再也不用接她送她，彼此间便少了联系。分开后这一段长长的时光，让他更加清醒地认识到他们之间的距离，也让他变得更加惆怅。

　　一年后，他的货车路过她大学所在的城市。他想去看看她，便刻意为她做了停留，临时跑到校园里找她。她从一堆红男绿女中挤出来，随他到外面走走，还陪他吃了一顿晚餐。那天，她还叫他叔，一出口就把他推向了远方。她说："叔，没事儿就别跑这么远了。不过，放假的时候如果路过，倒是可以捎我回去的。"他先是心里一凉，接着一喜，便嘿嘿一笑，嗯了一声。其实，那天，他想给她说件事儿。他想告诉她，他娘已经托人给她家提亲了，不知道她什么意见。可话到了嘴边，他还是咽了回去。他害怕从她口中说出那个"不"字。

　　末了，走的时候，他低着头，给她说了一句。他说："我娘给我找媳妇了，你怎么想？"她听了，吓了一跳，一副吃惊的样子，脸红红的，说："好啊，你也老大不小了，也该给我找一个婶子了。"

　　他说出那句话就后悔了。她说出那句话后也有些吃惊。

　　走时，她有些心不在焉，而他的心却凉凉的，有冷风在吹。他想，事情果然和他料想的差不多。

再后来，他娘托去的人回话说："人家大人没答应，说等孩子回来再说。"他便想，那不过是大人的托词而已，于是，便死了心。

大三那年的冬天，她放寒假回家，天冷得厉害，漫天都是雪花飞舞。他又一次路过她所在的城市，便载着她一同回家。那天，他其实已经决定，回家后应下邻村托人说的婚事。

那天，大货车在弯弯的山路上缓慢爬行。驾驶室外一片雪白。

意外的是，途中，货车突然熄火了。

很快，驾驶室里就冷起来了。其间，他下去修车，又爬上来，一副沮丧的样子。她看见他绝望的眼神，知道他们两人将在这里度过难挨的寒冷之夜。

为了保持体力，他们彼此不再交谈，闭上眼睛听窗外呼呼的风在吹。其间，他看她抖得厉害，把自己身上的棉大衣脱下来，给她披上。后半夜的时候，她裹着大衣从梦中醒来，推了推他，发现他冻得已经不省人事，哇的一声，她吓得哭了起来。

她想，他不能死的，这次回家之前，她娘已经在电话里给她说清楚了，等她给他一个答复，之前她还犹豫不定，而她现在的答案是嫁给他。

她开始脱去棉衣，紧紧抱着他，试着用自己温热的身体去暖热他僵硬的生命。

天亮的时候，他终于醒过来。他发现他被她紧紧拥抱着，一缕阳光正打在她的脸上。他望着她任凭幸福的眼泪在脸上肆意流淌……

那次遭遇，她读出他的深情，他明白了她的心声。

经过生死磨难的人，谁还会将他们分开呢？后来，他和她结婚了。他还是开着那辆货车载着她天南海北地跑。

那辆货车记载了他们爱情的点点滴滴。

点 评

选择财富、名誉、地位，还是选择一颗爱的心？经过内心的挣扎，故事的女主人公终于做出选择，把爱放在了首位。面对现实拷问，幸福会因选择不同而发生变化。在幸福的天平上，物质与精神哪个更重要呢？这是每一个人都要面对和思考的课题。

第一百朵玫瑰

作家心语： 在情感世界的浪花中，爱是彼此温暖的。

他立在深秋的暮色里，忽然感到内心无比悲凉。

他想起五十年前他还是一个意气风发的青年，一转眼，却已霜染双鬓白雪盖头。他不知道，这时光是否也将她变得面目全非，一想起来就有些吓人。不过抬眼望去，他看到浅水塘的风景依旧，不大的水面，秋水鳞波含情脉脉，湖边依旧是挤挤挨挨的堤柳。现在，因为秋风光顾，那些柳叶不胜寒凉，开始飘落，一些叶子还落入水中，成了蚂蚁的诺亚方舟。

就在昨晚，他接到当地电视台记者的电话，得知她终于答应与他相见，时间定在今天下午四时，地点选在小城公园里一个叫浅水塘的湖边。接到那个电话后，他坐立不安，激动得一夜未眠。

为了见她，一时兴起的他想把白发染成黑发，再到花店预订九十九朵玫瑰。他把这些鲁莽的想法跟记者说了，想征求一下记者的意见，记者听后没说好，也没说不好，只是不停地鼓励他，这让他信心倍增。

今天早晨天一亮他就出去了。下午的时候，他西装革履手捧一束鲜花来到公园。时间尚早，趁她未到，他在公园里遛起弯儿。踩着当年走过的小路，摸着当年拂过的柳树，回忆一些往事。他想起几十年前，这里曾是他们的初识地。那时候他才二十岁，正上大学，适逢暑假，闲得无聊，便随一个同学慕名到此小住几日四处游玩。那天同学有事早早离开了，他便独自漫步湖边，恰好遇到了她。第一次见她，她着一身红裙，站在湖边一棵柳树下吹笛子，笛声哀婉，有几分寂寞与哀伤在里面。他循声而至，站在她身后，默默地听她吹奏。直至她回过头来吃惊地看他。真是一见钟情啊，很快他们就互诉衷肠、坠入爱河……再后来，他离开了，仍然不断写信给她。不久，一件家族事务把他卷入一场官司之中，很快家道败落，他莫名其妙地锒铛入狱十年。从监狱中出来后他觉得再也没有脸面见她，便下定决心永远不去打搅她的生活。这样一晃过去了很多年。直至近来，他感觉人生暮年，时光不多，才又念起了她。他从北方来到南方小城找她，还托了当地的电视台找寻。经过一番周折，他才得知她的一些信息，知道她安在，家庭幸福、儿孙满堂。

时光在煎熬中慢慢流逝，走累了，他手捧九十九朵玫瑰，望向公园门口，立在夕阳中翘首企盼。他还有几分当年玉树临风的样子。当然，他脑海里全是她当年顾盼生辉的青春丽影。他低头看了一下手表，时间就要到了。记者也把电话打来，和他说，她要到了。他紧张得手心全是汗。

他就站在当年她吹笛子的柳树下等她出现。

突然，他听到公园门口一片喧闹，举目望过去，他看见一群穿红裙子的姑娘说说笑笑，向他这边走来。远远望去，像一团团流动的火焰向他扑来。他眼眶里瞬间满是泪水。

姑娘们来到他身边的时候，纷纷向他问好。他直愣愣地站在原地不知如何是好。不过，他很快回过神儿来，开始在姑娘堆里寻找着那个心目中的她。可是人太多，把他的眼睛都看花了。再后来，每一个姑娘从他面前走过，他就送她一枝玫瑰。他看见那些得到玫瑰的姑娘，捧着玫瑰，激动得脸颊红扑扑的，悄无声息地从他面前离开，远去。

夜幕降临的时候，浅水塘终于安静下来。他独自站在风中，两手空荡荡的。他回味刚才的一幕，仿佛又一次回到年轻时光，内心失落且惆怅。

他知道，她定是不想见他——她不想破坏在他心中的美好形象。

回去的路上，他向电视台的记者打去电话，表示感谢。他说，见到她了，还是当年的样子，很满意。

回到宾馆后他开始整理衣物——他决定第二天就回去。这次来访他心满意足了。

忙碌中，他忽然听到一阵急促的敲门声。走过去开门，一位穿着红色裙装的姑娘站在他面前。

姑娘手捧一枝玫瑰，来为他送别。

他觉得姑娘似曾相识，细细端详，那眉眼与神韵，像极了当年的那个她。

一时间，他手捧玫瑰，幸福得呜呜哭了起来。

姑娘是代奶奶而来的，姑娘说，奶奶要送他一枝玫瑰并祝他一路平安。

第二天，他带着那枝满含情意的玫瑰，心满意足地回去了。

其实，他要找的那个人偏瘫在床多年，糊涂得根本不认识人了。姑娘没说这些，记者也不愿告知他残酷生活的真相。

★ 点 评

最美的情感虽然会被残酷现实击败，但是因为真情依存，不堪的现实中依旧散发着温情的暖，照亮人心，温暖人世。文章把理想和现实的冲突表现得淋漓尽致，但呈现给读者的却是善意的温暖和明亮的希望。

被丢失的手帕

作家心语：美好的情感是值得一生珍藏的记忆。

一

从没想到大军哥长大后会胖得如同一个矮短的木桩，连头顶也几乎成了荒凉的不毛之地。

他站在陈旧的老房子前面睡眼惺忪地看我。请我进去的时候又如一架风车那样厉害地摇摆。这是一件我怎么想象也无法接受的事实。

不过大军哥依旧黑，脸像刚从煤窑子里钻出来，闪着亮光。他一直嘿嘿在笑。我问他干什么，还在矿上？他说："是，不下井，在井上看看场子。我这腿你看能干下井的活吗？"

那天，大军哥总不敢拿正眼看我，斜瞥着墙上的旧相框和我说话。他后来说："到院子里吧，屋里黑。"说这句话的时候，他眸子像是被火点亮了，闪烁着光芒。

二

第一次见大军哥的时候我五岁，从外婆家里拿一个夹菜的大饼正扶着院子大门的木门框埋头在咬。一个精瘦又黑的小男孩儿忽然就站在我脸前。他穿一

111

身绿色的小军服，腰里还扎着皮带，双手叉腰盯着我的饼子一动不动。

我不知道他是什么时候突然出现的，正咬着饼的嘴忽然就停住了。我低头翻眼看他，发现他喉咙直抖动，还发出声响。他舔舔干涩的嘴唇黑着脸看我，样子很奇怪。我张着嘴，愣住，忽然就把手里夹菜的饼掉在地上。一条大黄狗很是时机地跑来把它衔跑了。

我哇地就哭出声来。紧接着母亲大喊着"怎么了怎么了"跑出来看我，然后拉我回家。

等我再次见到大军哥的时候，他被他母亲带过来给我认错。他母亲是一个个子矮小的女人，大热天还穿一件碎花的旧布棉袄，怀里抱着一个白胖白胖的小男孩儿，脸上挂着勉强的笑。

大军哥低着头。他母亲一手抱孩子，一手去拧他的耳朵。

"以后可不要再欺负妞妞了，听见不？"

"我没有欺负她，是那条大黄狗欺负她。"低着头的大军哥并不认账。

后来，那天是一个白胖的男人把大军哥揪走的。他揪着他的耳朵，可大军哥一声儿也没有叫。

三

大军哥家里的事情我是从我外婆和母亲的谈话中知道的。那时候，我父亲正在另外一个很遥远的地方上班，十天半月也不来看我。

她们说大军哥家是刚搬来的，就租住在我外婆家后面的那个空院子里。大军哥的亲爹在矿里下井被砸死了，他妈就领着他改嫁给这个胖子。听说胖子还是煤矿里一个什么科长……

她们说话的时候我正在院子里跳方格子。我说："要不怎么大军哥长得不和他爹一样白，原来他爹是个后爹。"

外婆就跑出来拿眼瞪我，骂我："死丫头你懂什么？"

我外婆那时很凶，完全不像我妈那样子待我。

四

真正和大军哥玩在一起的时候，是我厌倦了和街坊里那些小女孩儿比谁的大饼好吃、比谁的花衣服漂亮。那时我已经开始关注男孩们怎么去掏鸟窝怎么打架了。后来我就开始像一个跟屁虫，天天跟在大军哥后面疯跑。

每次我一出门，我母亲和外婆就叮咛："让大军哥带好你啊，可别摔着了。"我不理她们，头也不回地就跑了，然后就听见外婆在院子里对母亲说："这丫头疯死了，早晚要被这狼崽子拐跑，你还不看紧点儿？"

那时大军哥和那些男孩子最喜欢玩"攻城堡"的游戏。我跟在大军哥后面，随他们绕出小镇偷跑到煤矿里面的煤山上玩。

他们常选择一个矮点儿的煤堆做"城堡"。他们把人分两拨儿，一拨儿站在煤堆上面"守城堡"，一拨儿带领人马"攻城堡"。大军哥常常扮演攻城堡的首领。我一般不参加他们的游戏，就蹲在一旁看，然后傻笑，高兴的时候会给大军哥他们鼓掌喊加油。我最高兴的事情就是当大军哥满身煤黑地站在煤堆子上面说胜利的时候，冲到煤堆子顶部和他们站在一起。那时，我跑到上面饰演一个最重要的角色——王后。国王是谁？当然是大军哥了。

那段时间，大军哥回去总是挨骂。他那个白胖的后爹总是拧他的耳朵让他咧着嘴巴告饶，如杀猪一般。

"你小子喜欢玩煤不是，再过几年我就弄你到矿里去下井。"气急了，他那个后爹就这样对大军哥说。可大军哥告诉我说他从来没有怕过。

后来，我母亲和外婆也开始阻止我和大军哥他们玩，说是怕我学坏了。可她们看不住我，我总是偷偷地跑出去，在大军哥家的门缝里往里看。那时大军哥常在院子里转悠，像一头困兽，他那个白胖的后爹就坐在长板凳子上手持木棍拿眼睛瞪他。

五

我七岁那年大军哥十岁。大军哥被他母亲强带回去，说要上学。其实，据我母亲的说法是，他后爹开始嫌弃大军哥了，坚决让他娘把大军哥带回老家去。那时大军哥的小弟弟已经三岁，他后爹还总抱在怀里不让下地走路。

后来他母亲就带大军哥回到了老家，寄养在大军哥叔叔家。

最后一次见到大军哥的时候是半年以后。暑假，他来看他母亲，说住下玩儿几天再走。我高兴坏了，跑到大军哥家去看他。他跑出来偷偷告诉我，说要带我到小镇子外的树林子里玩。我欢呼雀跃好一阵子。

那天，他趁他后爹出去一阵子的时候，从家里偷骑着他后爹的那辆破旧的永久牌自行车跑出来。我坐在他后面，抱着他的腰生怕掉下来。

大军哥的车技不怎么样。看样子刚学会。一路摇晃得很厉害，没出小镇子就摔了好几跤。他后爹听别人说他把车子骑了出来还摔了跤就追出来。等他追出小镇子的时候我们早已没有了踪影。

大军哥车骑得飞快，他立起来，身子向前探，两条腿猛劲蹬，遇见石头多的土路子也不减速。我坐在车座后面咬紧牙关坚持，心都快颠出来了。骑出小镇很远的时候，我对大军哥说："看不见你爹了，你快慢下来吧，我要颠死了。"大军哥说："不敢慢，让我后爹抓住了会打死我的。"

我记得到那片树林子的时候，大军哥已经汗流浃背。他下了车，弯着腰呼哧呼哧使劲喘粗气，像只跑累的大狼狗。等喘够了，他才站直身。我看见他瘦高的身子，站在阳光下黑着脸朝我笑，真俊。我揉了发麻的双腿问他到树林子里干什么。他说："掏鸟蛋呀！在我叔家憋疯了，他们不让我出去乱跑，害怕我还回去找我娘，那样子后爹就会让我下井挖煤黑子。"我说："挖煤黑子有什么不好的，当工人多光荣呀！"大军哥就骂我："你懂什么，我爹就是在煤窑子里给砸死的，我叔说了，考大学当干部才是出路。"我说："那你干吗不读书怎么跑到这儿呀？"他说："这是放假，你不懂。"

我反正说不过他，就不再理他。他带着我在树林子开始逛来逛去，眼睛总是向上盯着树杈。

大军哥说："掏了鸟蛋给你煮着吃。"我跟在他后面，心里甜滋滋的。后来果真就在树林里找到了好几个鸟窝。每次发现鸟窝的时候，他都激动得踢掉鞋子，挽起裤管子，再在双手上吐一次唾沫星就开始爬树了。

那天我一直跟在他后面提他的臭鞋子。他掏的鸟蛋多半摔下来，破了。中间，我曾经试图掏出母亲给我刚刚绣好的刺有油绿色荷叶粉色荷花图案的手帕去接，可总也接不住。大军哥从树上爬下的时候就骂我笨，连个鸟蛋都接不住。我嘟起小嘴儿不理他。他就走过来掰开我的手，塞进去两个鸟蛋，然后从我手里夺过手帕看。

他把手帕举过头顶照着太阳看，说绣得不好看，还没他娘绣得好呢，扔了算了。

我说："你瞎说。"

他说："呸！"

我知道他这样说是真喜欢了。以前我拿的东西，穿的衣服，他总是不屑一顾，从来不加评判。这次说不，分明是注意上了。

我说是我娘绣的，好看着呢。他不给，转手揣在怀里。

回来的时候，大军哥载着我把车子摔坏了。等我从地上爬起的时候，发现口袋里流出了清水——鸟蛋全破了。回去终究没有吃成大军哥所说的煮鸟蛋，连个鸟蛋汤也没喝上。大军哥的腿也摔破了，从地上爬起来的时候流出了血。他从怀里就取出那块儿手帕摁在上面，手帕上面很快就洇红一大片。我心疼得要流出眼泪来。

大军哥的腿不再流血的时候，他咬着牙把手帕扯下来给我看。我看见绣有荷花图案的手帕只剩下两片绿叶子还没沾血。我眼睛里有委屈的眼泪。大军哥说："哭啥，不要了，如果拿回家你娘知道非打你不可。看清楚啊，我可没占你的便宜！"

他甩手将它扔进了路边的草丛里，吐了吐舌头冲我做鬼脸。

天快黑的时候我们才赶回去。

回家后，我母亲和外婆再怎么生气也始终没有提起那块绣有粉色荷花图案的手帕。我想她们大概是忘记了吧。那时，她们只顾跑去大军哥家看吵架了。

大军哥他后爹拿一根棍子满院子追他打，大军哥跑到他母亲身后左右躲闪。他母亲和他后爹又是吵又是骂。

我偷偷躲在母亲身后偷看，不敢出声，看见大军哥被他后爹的棍子打中了就赶紧咬牙闭眼睛。

白胖子说："兔崽子，明天就滚，永远不要再回来。"

大军哥说："滚就滚，谁怕谁。"

第二天，我去看大军哥的时候，大军哥就已经走了。院子里空荡荡，只有一辆车把歪扭的自行车斜靠在煤堆上。

后来我随母亲搬到了父亲工作的地方，在那里生活、上学，然后考上大学，到外地工作、结婚。外婆过世的时候我也只回来过一次。那时，大军哥已经在矿上上班好几年了，和他亲爹一样，下井挖煤。我回来没有见到他就到他母亲住的院子里去，他母亲已经老了，不过还是大热天穿着那件碎花布棉袄。

他母亲说："大军在矿上住，要不去叫他？"我笑着说："不了，怕影响他上班。"他母亲说："不碍事儿，他瘸了腿就在井上干些杂活儿，不忙。"

这时，我才知道大军哥的腿是在下井作业时意外砸伤的，后来就落下了残疾，所以这么多年以来一直单身未娶。

六

我和大军哥坐在院子里随便聊了一些往事，又问了一些他的现况。

我说要不是路过，我们这一辈子就不会再见面了——这次是我出差路过这里，顺路来看看童年生活过的地方。

大军哥一人住在那个偌大的院子里。他母亲和后爹都随他弟弟搬进了城里。这里是破旧的棚户区，几十年的老样子还是没有多大变化。

走时，他摇晃着身子出来送我。大军哥瘸着腿，走起路，总是不太平稳。

我转回身时，看他从上衣口袋里取出一块小手帕擦眼泪。我看见四周洗得发白的手帕上面，露出两片油绿色的荷叶，剩余，暗红色的血迹，淡淡的，但还赫然在目。

★ 点 评

这是记忆深处难以忘怀的情感。文章里写的情感故事很隐晦，情感的痕迹隐在故事背后，展示给读者的是一份纯真无邪的情感。打动人心的，是那童真的心和纯洁的情。

阿雅的春天

三月，桃花开得正盛。特别是连成片的桃林，分外好看，远远望去，如一团团粉色的霞飘落天际，又似一大片一大片熊熊燃烧的火焰，灼人的眼。

阿雅喜欢粉色的霞带来的头晕目眩，更倾慕于火焰的热情，于是每年必去北方看桃花。

又是一年桃花开。为看桃花，阿雅选择一个绵绵的雨夜搭乘火车，一路北上。

晚上，他坐在车厢里，透过玻璃窗户望向远方，看细密如针的雨丝绵绵不休地飘落，他内心的伤感便如潮水一般袭来。在长长的夜幕之中，火车轰隆轰隆穿越南方长长的雨阵，把南方特有的湿漉漉的忧伤一路裹挟着带往北方。

天蒙蒙亮的时候，阿雅在一个北方小站落脚，再搭乘一辆人力三轮车穿过小县城灰蒙蒙的青石板路，奔向郊野。

那时候一夜未眠的阿雅早已疲惫不堪，他的眼眶被夜色涂成了黑色。那一夜他应是在回忆中艰难度过的。下了车后，春天的暖风吹得他眼睛都睁不开了。他立住，便情不自禁想起那个桃园里卖花的少女，像是经历一个长长的梦，醒来后，唯有轻轻叹息了。

人力三轮车碾过小城的青石板路，扬起一片白色的尘雾。在吱吱飞旋的车轮声中，阿雅似乎听到有人向他打招呼，于是他轻轻揭开布帘向外茫然地张望。那一刻一群清瘦的女孩子的笑脸从他眼前倏忽闪过。他兀地觉察到，那只属于他的青春小鸟已经飞走了，再也不会飞回来了，内心全是惆怅。

阿雅每年都会在春天这个时候光临小城。一晃，十年竟然翩翩而逝了。他忆起十年前，他还是一个白衣怒马的少年，有着南方男孩身上无法剥离的清秀。那时候他在距离小城不远的一个大城市读书，在一个春天，选择独身慕名坐汽车来小县城看桃花。

为赶小城一年一度的桃花节，那天他逃了课。在小县城，他看见青石板路上散满了粉色如霞的桃花花瓣，小城的空气中到处弥漫着桃花沁人心脾的清香，他仿佛活在梦境中。

终于到了桃园。熙熙攘攘的人群声音如波浪一般涌过来。落脚的时候，他发现他置身于郊外一处偌大桃园的人山人海之中。然后，他看见游客如织的街道上有各色小吃和杂耍，把这节日装点得盛大且繁华。

但阿雅不喜欢这些，孤单的阿雅只喜欢那满园的桃花。

于是，他避开人群，向桃园深处走去。夜幕降临的时候，他开始返回。桃园外街道上热闹的人群已经散去，他看见街道上到处是桃花遗落的花瓣，他内心的忧伤便潮水一般涌来。阿雅是爱花的君子，他为这些不文明的举止而愤怒。

抬眼间，他忽然看见一个挎着花篮的少女立在远处。她看上去十六七岁的样子，粉色的面颊，湖水一般清澈的双眼，臂弯处一只花篮里盛满了粉色的桃花。

他笑，只一眼，便注定了十年时光就这样飘然而过。

记得那天看得十分尽兴，阿雅很晚才离开。夜幕罩住了他微笑的脸。回到小县城的时候连最晚的一列火车都错过了。

第二年再赴盛会，竟然不见了少女的踪迹。直到有一次疯疯癫癫的阿雅在桃林大呼小叫。最后在桃林深处，一个土堆前，他立住，久久不愿离去。

再后来一年一度的桃花节成了别人的狂欢，再也不属于阿雅。可阿雅回去后仍旧逢人便说北上看桃花的故事。

这一次阿雅依旧没有见到故人，依旧满怀忧伤地离去。

他却不知这次身后竟然尾随了一个老者。老者是听了阿雅关于桃花的故事后满是担忧一路北上的。同样乘一辆人力三轮车碾过小城的青石板路，一路尾随，奔向郊野。

不过结果令他失望至极。一路慕名而来，却要失望而归。

哪有什么一年一度万人聚会的桃花节，哪有什么灿如晚霞的万亩桃林，连瓣桃花都不曾遇见。目之所及是一大片茅草丛生的荒滩。唯一与桃花有关的，是那片山野的名字叫桃花坡，仅此而已。

向当地人打听，所问之人一惊，十年前这里就是这样啊。

老者迅速逃离。他来时虽做足了心理准备，但现实还是令他吃了一惊。

其实不问也罢。老者内心明镜一般。十年前，他的儿子阿雅就被诊断出患上了幻想症。那时候，阿雅刚刚结束一段刻骨铭心的爱情。据说，与阿雅相爱的那个姑娘，名字叫桃花。

老者猜想，那个叫桃花的姑娘定然向他的儿子虚构了一个世外桃源的爱情故事。可是，世间哪有什么世外桃源？

即便如此，阿雅的春天仍然是桃花盛开的季节。再后来，北上看桃花成了两个人——父子结伴而行。

有一年春天，一大片桃花真真切切地开在桃花坡，引来外人纷纷来此赏花。

是谁种植的，竟然没有人说得清楚。

点 评

　　把爱情与亲情放在一起写，就有了比照。于是，我们看到爱情是美好浪漫的，但在现实面前却像易碎的玻璃，而亲情却是朴素的、实实在在的依靠。当爱情抛弃你的时候，亲情不会。

爆米花

作家心语：一片痴心有迷途，最美，也最残酷。

小区门口不远的地方，夜幕一落下来，那个中年男人的爆米花生意就拉开了序幕。

他几时来的，没人知道，也没人想知道。但是大家都知道他来了很久了。

有一次，出门，我家孩子缠着要吃爆米花。为了挣脱孩子的纠缠，我从自家弄出来一碗米，拉着孩子，急匆匆去找他。

那时候天刚黑下来，他已在一片还算宽阔的街角拉开了场子。他的周围围满了馋嘴的孩子与妇女，每一个人，都是一副饥饿难忍模样，望着他，情不自禁地吞口水。他孤身一人坐在一个小板凳上，手里摇着转锅的手柄，转锅就像上了发条的风车，呼呼呼地转起来。一个炭火旺盛的火炉，伸出蓝色的舌头，轻轻舔着锅底。也把他粗犷的脸照得通红。远远望去，他像是坐在繁华又孤寂的舞台中央，神情落寞，气度悠闲。这个时候，他还算清闲，一边做活一边和人唠闲嗑，东一句西一句的，约莫着时间到了，他缄了口，神情也庄重起来，叫身边的大人小孩先让开，他要开锅了。大家听了，迅速后退几步，双手捂住耳朵，又神情紧张地望着他。

他戴上满是油污的厚手套，轻轻把葫芦样子的转锅移下来，放入一口布袋做成的长筒袋里，一脚踹下去，砰一声巨响过后，白花花的爆米花冒着热气就跑到袋子底部。如果客户需要加工的话，后面还要熬上糖稀，搅拌，定型，切割，最后交到顾客手里的是香甜酥脆的米糕。不需要的顾客，直接装袋，交钱，走人。

因为他的手艺好，我领孩子去了几次，慢慢熟识了。其中，有一次，他做活期间向我打听一个人，他说："你们小区里有一个叫'云妹'的没有，是朱家沟的。"我实在不认得几个人，便回应他，说不知道。他却并不生气，他说："据说是住在这里，我一个初中时候的同学。"我笑笑，不接他的话。我不知道他究竟要做什么，如若是坏人，害了他人怎么办。

就这样，他每天傍晚，夜幕一落，就准时出现在小区的门口。有时也会缺席，那是下雨下雪的天气，没法出摊。这样推算，他应该在附近租了房子的。

后来，我曾问他，是否找到那个叫"云妹"的人。他哈哈一笑作为回答。有，与没有，都在那哈哈一笑中了。

不久后，发生了一件事情，震惊了所有的人，小区里发生了一起杀人案，死者是一个叫"云妹"的孤身女人。那段时间，警察在小区出出进进查找线索，恰恰在这个时候，他忽然失踪了。

后来，警察把他作为重大嫌疑人，四处通缉。这个消息把我吓了一跳，为自己当初与他的亲近而后悔不已。但内心也有巨大的恐惧与疑惑无法散去，那么一个看上去憨厚老实的人，竟然是一个隐藏很深的坏人？！

半年后，云妹的案子破了。与他无关。他又出现在小区门口，继续做他的爆米花生意，生意依旧，只是他脸上已经没有了笑容。

后来我才知道，那半年，他自己去缉拿凶手了。为此还身中一刀，最终的结果是凶手被绳之以法。

有人说，那被害的女人是他的初恋，离开后，他一直念念不忘。相爱的时候，那女的极爱吃爆米花。后来那个叫云妹的女人还是离开了他，跟一个有钱的老板走了，老板是一个有家室的人，在小区里给她买了房子，两人私下幽会，算是金屋藏娇。只是那老板的脾气极坏，喝了酒，常常打她骂她。结果，那一次失手了。

他怎会知道这些？我问那个四处散发小道消息的人。

他急了眼，瞪我一眼，生气地说："我哪知道？"

后来，那个做爆米花生意的男人就不再固定在小区门口了。有时候，他在，有时候又不在。听朋友说，有时候他出现在城东，有时候他出现在城西，有时候他出现在城南，有时候他出现在城北。据说，他还是喜欢向人家打听事情。

"你们小区有一个叫'云妹'的女人吗？"每次问完，他都莫名其妙笑笑。

问过后，没一人理他。云妹的案子在小城闹得纷纷扬扬，谁不知道？

有人说："那家伙是个四处流窜的精神病人。别搭理他！"

★ 点 评

好的文章，离不开思想。无论是散文还是小说，在写作中将情感和思想融入笔端，总会有令读者眼前一亮的精彩时刻。就像这篇小品文，故事中一方面是真情被物质利益打败，无路可寻；另一方面是被物质利益收买的情感，脆弱得不堪一击。面对现实拷问，在金钱物质面前，何去何从？让读者去深思吧。

完美爱人

年志山四十岁那年仍孑然一身。自从他二十岁失恋后，他便失去了爱的能力。

二十年了，多少貌美如花的女孩子从他身边走过，他没有一次怦然心动。许多人说，他的心死了。他听了，莞尔一笑，转身离去。那是他心底永远的痛，伤疤每一次被揭开，对他都是一次残忍的伤害。他不想重提过往。

四十岁的年志山有一天忽然萌生一个奇怪的念头——学习美术，且专攻油画和雕塑。他开始拜师学艺，有那么一段时间，痴迷得要命，他丢下公司一摊子事儿，独身一人跑出去写生，天南海北地乱跑。

忽然间就人间蒸发了，吓大家一跳。等他背着行囊一脸疲惫地出现在大家面前的时候，大家才深出一口气。

有人说："年总，你吓死人啦，怎么招呼都不打一声就走了？吓得我们差一点报警！你再不回来，公司都撑不下去了，一摊子事儿等你拍板呢。"

他淡淡一笑，说："是吗，告诉你们，我还走得了吗？"

后来，他再突然消失大家就不惊奇了。各忙各的，知道过不了多久他就会回来。急也没用。

一年后，年志山在自己的大办公室后面开了一个小间，用作美术工作室。

工作闲暇，就躲在里面作画或雕塑，全是美女，高的，矮的，胖的，瘦的，白的，黑的；古典的，现代的，中国的，外国的，或浓妆艳抹，或清淡出尘。

起初，还有人咧着嘴挤着眼看，一副忍受不了的样子，慢慢地，就有人开始嘬着牙花、展开眉眼笑着欣赏了，边看还边说："年总的技艺真是了得，画得跟活人一样。"

年志山的脸就笑成了一朵花。

从此，公司里的人不当面叫他年总了，干脆就叫他"年画儿"。年志山并不恼怒，依旧我行我素。

年志山的美人画越画越精湛，有的被朋友讨去，装裱一番被挂在书房，有的还入了市里省里的画展，捧得大奖。

听说，年总还培养了几个年轻漂亮的姑娘，做他的人体模特。私下里有人咬耳朵。他知道后笑着说："什么听说，就是真的。大家就开始坏笑。"

可是，一切并不如大家想的那样走下去。他仍然那样活，单身一人，来也匆匆去也匆匆，身影无踪。那些模特却是走了一茬来了一茬，走马灯似的不停换。别人不知道他心里想什么，可他自己清楚。不变的是对画画和雕塑的痴迷。

四十五岁那年，有那么几个月，他躲在工作室里拼命地搞创作。他放出狠话来，任何人都不能打搅，否则跟那人拼命。等他从里面推门晃悠悠走出来的时候，大家吓了一跳，整个人消瘦一大圈，刮来一阵微风就能把他吹到天上。

工作室里一片狼藉，纸片和画稿散落一地，空气中混杂着浑浊刺鼻的快餐面和颜料的气味。工作室的中间，一个白如瓷器的美人裸体雕塑，映入大家眼帘，惊得大家把眼睛瞪得大大的。

真是太完美了，看一眼就让人想起了断臂的维纳斯，不，比维纳斯还要美。你瞧，那比例恰当优美性感的身体曲线和青春无敌完美无瑕的面孔，看一眼，就让人魂飞魄散，无力抽身。

很快，年志山的美人裸体雕塑作品，在这座城市引起了轰动。大街小巷，茶余饭后，大家热议的都是他这个人和他的作品。征得他的同意后，市美术馆把这件作品作为镇馆之宝永久收藏。每天来观赏的人络绎不绝，人群中，总有一双孤寂落寞的眼神，在这件作品上，轻轻地抚摸再抚摸。

六十岁那年，年志山还是孑然一身。自从他创作完成那件作品后，这么多年来，他一直在暗地里找寻这么一个人，和雕塑作品一模一样的女人。

可是，他从来没有遇到。总有人，或多或少有些相似，却不是他心中那个完美的爱人。

有一天夜里，他在梦中梦见那座雕塑的石膏体正一片一片破裂成龟纹，然后哗啦一声巨响，碎片散落一地，一个裸体美人兀自从雕塑里走出来，走到他的床边，轻吻他的额头……

那个夜晚，他流着泪醒来，老泪纵横。静静地躺在床上想了片刻后，他颤巍巍从床上爬起来，找到一把生锈的钥匙，从床头柜里取出一个盒子，吃力地打开。里面是一张泛黄的老照片。

照片中，是一个带着羞涩微笑裸露胴体的少女。

他拿着它，仔细端详着，忽然吃了一惊——照片中，她的样子，一颦一笑，和他创作的那件引起轰动的雕塑作品，竟然一模一样。

他想起从前。十八岁那年，最最灿烂的人生年华，他是一名摄影师，而她是一名舞蹈演员。他们相恋了，爱得死去活来。二十岁那年的一天，他苦苦祈求的愿望终于实现了——她应允嫁给他。于是，兴奋异常的他软磨硬泡征得她的同意，躲过老板，偷偷为她在暗室拍下了一张珍贵的裸体照片。

那天拍完照后，他如常上班。她则恋恋不舍地离开。在回家的路上，她遭遇车祸，永远地闭上了眼睛。

往事让他心潮澎湃起伏难平，他紧咬嘴唇，哆哆嗦嗦，哭了。

他没想到——他试图用二十年时光将她忘记，终究没有成功。他又试图用那么多其他女人的形象将她覆盖，到最后才发现，终究又是一场徒劳。他以为，他已经真的将她忘却了，事实上，她早已住进他灵魂的最深处。你看不见她，可她一直都活在他的心中。

点 评

最美的爱情是什么？是"蓦然回首，那人却在灯火阑珊处"，是"曾经沧海难为水，除却巫山不是云"？还是像这篇纯美的爱情故事，让人感到：人生如局，设局的人常常又是自己，这篇文章写的是情感的局，深陷其中执迷不悟，一生都将困在局内，走不出生活的囚笼。

莲

作家心语：脚下迷途，心飞远方。

江南有莲。

不管是千顷湖泊，还是半亩水田，总有人种上莲。莲是水中的森林、花园和果园，有了莲，于是便有了接天莲叶，有了荷香四溢，有了甘甜的莲藕和甘美的莲子。

莲没有半亩水田，莲有千顷湖泊与一叶扁舟。那千顷湖泊是莲一人的世界，而那一叶扁舟，则是莲一人的家园。十年前，战争让莲失去了家园和亲人。为了躲避战争，莲误入此处，过着与世隔绝的生活。

莲喜欢披蓑戴笠，泛舟湖上，在蒙蒙细雨之中，唱《江南》。莲嗓音甜美，歌声清脆，一张口，一湖的水面便飘满了莲的歌声。

莲气沉丹田，轻启朱唇，唱：江南可采莲，莲叶何田田。

一片片墨绿色的荷叶，在微风中轻轻摇曳，姿态优美。一朵粉红色的荷花，微微晃动，从远处轻轻飘进莲的眸里，把莲的心一下子点燃。

莲停了歌声，来了兴致，撑起长篙，击打水花。小舟轻快如离弦飞箭，推开湖面，推开密密匝匝的荷叶，眨眼间便来到花的面前。

那是一朵刚刚盛开的荷花，粉色的花瓣，娇嫩嫩的，沾满了圆圆的亮晶晶的水珠，花瓣还未完全打开，如一位年轻女子倚门而立向外观望，见了生人，羞得只探出半张脸来。莲端详着，静静地看，一瓣一瓣慢慢看过去，仿佛是在仔仔细细端详水面中的自己。看着看着，笑意便浮现在脸上，跳跃在眸中，漫流一湖。

此时，万千雨线将天空斜织成一匹巨大的银色的锦。蒙蒙的水汽，从水面袅袅升起。细小的雨点敲打在光滑如蜡的荷叶上，噼噼啪啪，破碎开来，又变成更多无数细碎的玉珠在荷叶上欢快舞蹈，然后纷纷跳入湖中。

哗啦一声，一条白鲢从荷叶底下钻出来，打了一朵白色的水花，摆一下尾巴，慢悠悠游向远方。

莲被这突然冒出的声音惊了一下，打了个激灵。等回过神儿来，那白鲢已经游远了。莲收回目光，抬起头，茫然地望向远方。

愣了一会儿，才又唱：鱼戏莲叶间。鱼戏莲叶东，鱼戏莲叶西，鱼戏莲叶南，鱼戏莲叶北……

清脆的歌声从小舟上又升起来，飘向远方。娴静的湖水在美妙的歌声中安然地睡去。美丽的水面上，莲再也没有见到一条嬉戏游动的鱼。宽阔的水面只有飞鸟清脆的鸣叫声，只有细雨落入水中的扑簌声，只有凉风丝丝的吹拂声。

莲脸上的微笑没了，唱着唱着，便缄了口。先前欢快的心情也荡然无存——莲风华正茂，娇艳欲滴。千里湖面竟然没有她的意中人。

莲是一朵待人欣赏的荷花，错过了，便永远凋谢了。

莲想上岸。十年过去了，莲想，战争应该结束了。这孤独无依寂寞清冷的生活，莲不想过了。莲想家了，虽然莲没有家。莲想过俗世的生活，想过有爱情的甜蜜日子。可这里没有呀。即便湖水再清，荷花再美，莲藕再甜，湖鱼再鲜，也挽留不住她那颗决绝的心。

是在一个细雨蒙蒙的清晨，泛舟离开的。上了岸后，又步行百里，坐上火车一路北上。在北方的一个小村庄，莲终于安下身，嫁给一个农夫。

农夫家有沃土十亩，莲随丈夫在田地里种上高粱，种上玉米，种上谷子，种上大豆，种上南瓜，种上红薯。却独独不种水稻，当然也种不上莲。

莲也吃藕，那是从南方运来的藕。吃着吃着，莲便也想挖一口池塘。

于是，莲请人把自家的良田挖成水塘，种上莲。莲还央丈夫做了一叶扁舟，在一个细雨霏霏的早晨，泛舟水上。

莲还唱《江南》。莲唱：江南可采莲，莲叶何田田。

这里却不是江南。这里没有江南宽阔的水面，没有接天莲叶、荷香四溢的场面，更没有微蓝如玉的湖水和肥美的白鲢。

唱着唱着，便落泪了。

一池的莲藕终于在秋天收了上来。莲笑了，取一截，清水濯去污泥，咬上一口。笑，忽然就僵在脸上。

莲决定回江南。莲太想那千顷湖水了，夜夜梦里都是泛舟湖上，清歌《江南》的场景。

莲一次次准备好行囊，又一次次无奈地放下解开。多少次都没有成功。后来，莲再也不想回去了，她再也回不去了——起初，莲有了儿子，而后有了孙子。先前是丈夫拉着她的手苦苦哀求，而后，是儿子抱着她的大腿依依不舍，再后来呀，是孙子搂着她的脖子咿咿呀呀地央求。

原来这并不是莲真正想要的生活。俗世的生活一度让莲厌倦，可是莲却无法逃脱。老了的莲，只有在梦中一次次预演从前的生活。醒来后，便是一声长长的叹息。

★★★ 点评

初心，是世间怎样一种美好的东西！然而最美好的东西，却往往被我们所忽视了。心，在追求的过程中渐渐迷失了方向，待到醒悟过来，一切都已无法重来。在俗世的追求中，不忘初心，灵魂才能跟得上现实的脚步。文章表面写的是爱情故事，实则写人生哲理。经常提醒自己一句吧——别忘了你的初心。

第 4 辑

亲爱的宝贝

　　快递是日夜兼程送来的。爹在信里只说了一件事儿，泥鳅放年假第二天到村子外的河沟边砸冰窟窿，掉进去，淹死了，年前赶回去兴许还能见上一面。

劁猪

作家心语：人性幽深处的恶是冷的。

据说，周老八一声嘶哑的吼叫，全村的猪猡们便哑了音。

说这话时，张得贵红肿的烂桃眼冒着清水，喉结正抖得厉害，像是在拉一架乱了音的胡琴。

张得贵说，那天他在猪圈里清理猪粪，突然就发现猪猡们不动了，他"哎呀"一声飞奔出院子奔向大街冲向兽医李狗蛋家，刚从后巷跑到大街，一眼就瞭见周老八那辆破永久车正摇摇晃晃地驶进村庄。那一刻，全村静悄悄的，没有鸡鸣，没有猪叫，也没有狗吠，只剩下了咣当作响的自行车声了。他呆住，刹住脚，瞪大眼看，周老八那口半张半合的嘴就永远烙在了他的记忆里。张得贵眉飞色舞手舞足蹈地讲着，我父亲却眨着眼睛，把头摇成了拨浪鼓。

两年后，村里养猪的兴盛起来，父亲也养了一头老母猪和两头半大的小猪。我时常会在村小学的教室里听到来自村庄里"喽——喽——喽"的嘶叫声，歇斯底里，震耳欲聋。我侧耳倾听，一道白光便在我的眼前，飞快地划出一条漂亮的弧线，一闪，我黝黑的脑门就点上了一个白点子，然后，我便望见了李豁子老师那双熊熊喷火的眼。

记得周老八来我家是1985年。那年春天早晨的风和煦得有些不像话，桃花漫山遍野正开得烂漫。我在院子里无所事事地转悠，看父亲喂猪。父亲踮着脚尖，把多半个身子探进圈里用马勺拼命舀猪食，猪猡们在猪圈里喽喽欢唱着，周老八就出现在了村头。后来听父亲说，他并没有听到周老八嘶哑的吆喝声，他只看见满圈的猪猡正欢快地吃食，忽然间就闭了嘴成了哑巴。父亲愣住了。然后，我看见父亲一瘸一拐飞奔出去的身影，一扇木门在春风中一开一合着，接着，周老八雄壮的身躯撞开了我家的院门，一辆破自行车咣当一声斜躺在煤堆上，荡起一团黑色的烟雾。周老八那张紫铜色的脸在阳光下闪着金光，瞬间把我家荒芜的院子装饰得无比辉煌。

那天，父亲把鼻梁上的眼镜推了推，满脸堆笑地敬上一支麻酥酥的薄荷烟，周老八接过来，在鼻子上轻轻嗅了一下，把它夹在了耳朵上。周老八扯着大嗓门说："做活了，别扯淡，猪崽在哪里。"父亲便指着那两头缩在猪窝里半大不小的猪说："就劁这两头。"周老八笑了，说了声"好咧"，摔下挎包，身手麻利地取出一把弯月小刀。那把小刀精致得像是一个玩具，一把便可握在掌心。一片白光在院子里一闪，周老八就消失在烂泥遍地臭气熏天的猪圈里。

我赶过去瞪大眼瞧，周老八已从猪窝里拖出两条挣扎的猪腿来，弯腰落地，身体半蹲着，左膝盖抵了猪的前半身，右腿向后蹬紧，踩出一个浅浅的泥窝窝。空出的两只手，一手抓了猪耳朵，一手取出弯月刀。随后，一道白光扯出一声尖叫，一个带血的零件倏地被抛出了猪圈。然后，我看见小猪开始在猪圈里欢跑，喽喽，喽喽，吼叫着，龇牙咧嘴，不得安生。

两声猪叫从我家院子里飘出后两头半大的猪崽就算劁完了。此时，周老八头上冒着热气，汗津津的额头在晨起的初阳中泛着粼粼波光。

父亲两眼弯成一对月牙，把嘴巴咂出一片滋滋声，冲周老八挥了挥手，又指了指旁边老母猪圈里的几头小猪崽说："那三头小的也劁了吧，我要自己养。"周老八把一张欢笑的嘴巴拉成一张满弓，说："好——咧！"一个翻身就跳了过去。

　　说实在的，后来我没看见周老八是怎样劁猪的。我只瞧见老母猪在猪圈里腾地站立起来，龇牙咧嘴地望着周老八呼哧呼哧喘粗气，然后就冲撞过来。周老八惨叫一声，猪圈里一场混战便开始了……

　　那个春天的早晨阳光真他娘的灿烂。那天，周老八是伤痕累累地爬出了我家猪圈的，一条带血的腿把我家灰色的院子打出了彩色的底子。周老八哭丧着脸仓皇而逃，连手艺钱都没收破自行车都顾不得推。后来听父亲说，我家那头老母猪的利齿，在周老八腿肚子上留下三条血口子。父亲说周老八真他娘的软蛋。

　　1985年的春天是一个猪崽任人宰割的春天。听人说，一整个春天周老八都在阉割中奔波着。他常常边做活边嚷嚷："全让你们成了太监，他娘娘的，老子全劁了你们！"而那条伤腿，在哆嗦中轻轻左右摆动着，像一条被捞上河岸挣扎的鱼。

　　夏天的时候我家的两头猪崽已经长得肥硕无比，一个肥头大耳满脸油腻的家伙来到我家转悠，很快就成交拉走了。同时，他也带来一个坏消息，说周老八那条腿残了，永远止不住地哆嗦——劁猪的营生，怕是做不成了。说那话时，收猪人用油腻湿滑的手抹了一下鼻子，油光光的脸便开始散发出淡淡的腥臊的猪屎味。

　　我看见一旁里站着的父亲，以及从村后街赶来看热闹的张得贵，眼睛里全是失落，空落落的。张得贵嘴巴嘟囔着说"咋会这样呢，咋会这样呢"。父亲眨了眨眼睛，向上轻轻仰了仰头，再一次把脑袋摇成了拨浪鼓。

　　许多年后，周老八的故事成了一个传奇，劁猪也成了一门几乎失传的手艺，父亲却一直记得1985年春天的那个故事。无所事事时他常常对人讲起，末了总会以这样的方式作为结尾。父亲笑着说，周老八扒了一辈子猪皮，最终却被猪扒了皮。大家听了一笑了之，可是有一次我发现人群中的张得贵却是一副心事重重的样子。

后来，与张得贵聊起此事，扯远了我才知道，"文革"时期，我的父亲是全乡有名的臭老九，周老八是个红极一时的红卫兵头目。而我父亲的那条残腿，就是那时落下的。

张得贵告诉我这些的时候我把嘴巴张得大大的呼哧呼哧只抽冷风，寒气从我的嘴巴窜到心脏，全身冰凉冰凉的。

我想起了之前某一天的一件事情。父亲与我谈起往事，不知怎么的就意味深长地说："周老八怎么会不知道一头老母猪的厉害呢？——兴许是忘了吧。"那时我看着父亲，愣住，想了半天竟然无言以对。那一刻我在父亲的嘴角边捕捉到一丝不易察觉的笑。那笑藏在肉里，冷冷的，有些吓人。

★ 点 评

　　这篇小小说向我们讲了一个关于人性的故事，让我们看到，人性有善的一面也有恶的一面，君子要学会抑恶扬善，要明白善是暖、恶是寒。文章明线是劁猪，暗线是报复和报应。情节设计上，一个事件总要出些状况，陡生波澜，且明、暗线交会，画龙点睛。

传球

作家心语：恶习使人走向毁灭。

一辆旅游大巴在一条盘山公路上飞速行驶。

或许，是因为跑得太久的缘故，窗外的美景不再具有引人注目的魅力，车上只有零星几个游客把目光投向窗外，没精打采地望着。剩下的游客中，有几位正昏昏欲睡，有几位在低声闲聊，还有几位在闲翻着手中的杂志。一个七八岁大的男孩，在后排的座位上正兴奋地玩弄手中的玩具，不时弄出一些声响，而他的母亲，则斜抱着他靠在椅背上睡得正香。

太无聊了。导游拿起遥控器把悬在车厢前上方的电视机打开，刚才还安静的车厢立刻变得喧哗和热闹起来。

许多人开始坐直了，振奋起精神看起来。

正看得津津有味，忽然，大巴车像脱了缰的野马冲出公路……

第二天，当地晚报头版头条报道了一则骇人听闻的新闻：昨天，一辆旅游大巴不幸落入山涧，车上四十八人遇难，其中死亡四十五人，重伤三人。死者的身份已经逐个辨认清楚，正在联系家属认领，另外三名幸存者正在市人民医院紧急抢救。

新闻中还说，活下来的，一个是司机，一个是二十多岁的青年，还有一个是七八岁大的小男孩儿。

当地公安机关对事故现场进行了深入调查，可事故具体原因仍然不明。询问幸存者，或许能从他们的回忆中查出事故的真相，可他们都还在生死边缘挣扎，警方只好暂时放弃。

半个月后，当所有幸存者被从重症监护室推入普通病房后，公安机关才对他们进行了一一询问。

头部绑着白色绷带的青年，认真回忆了一下，才说，事故发生前，车上正在直播一场足球比赛，他看得津津有味，突然间灾难就降临了，其他的他一概不知。

失去母亲的男孩，哭了很久，才擦掉鼻涕停止哭声，伤心地说，那天他在座位上玩耍，后来渴了，就从妈妈的背包里拿出一个苹果，一不小心，苹果掉了，他弯腰去找，结果苹果不见了，等他把头再抬起来的时候车祸发生了。

满脸疤痕的司机一脸惭愧地说，出事当天，他正开着车，忽然一个圆圆的东西滚到他的脚下，他习惯性地向外踢了一下，那东西滚了一下就不见了，接着他突然发现刹车踩不下去，整个人就慌了，再后来，车就冲出山路跌落山崖。

三个人说完后，前来询问的警察明白了事故的直接原因是刹车失灵。可是他们还是一头雾水，很难从刚才三位的叙述中找到什么因果联系。唯一有点关联的，应该是男孩丢落的苹果和司机脚下踢出去的东西。可是，据调查，那天男孩坐在车厢的最后面，距离司机的位置还很遥远，司机踢出去的东西不一定就是男孩掉下来的苹果。况且当天走的是上坡路，苹果怎么会从后方滚到车厢的前方呢？

为了进一步弄清真相，这时，有人建议复原现场。后来警察还刻意从市电视台借来了当天的足球比赛录像，带到病房里播放。很快一场激烈的足球比赛在电视荧屏里再次上演。

"4号球员将对方的8号绊倒在身下，球传到了5号。现在5号带球快速向对方的大门冲去，对方几乎全部压上去对他进行拦截。5号要突破重围带球过人，不好，球差一点被踩掉。现在球又被5号回传到了本队的6号……对方的4号非常快速地往前插……经过几次传球，现在球已经到了对方的禁区……要射门了，真是激动人心的时刻……射门，球进了！"

解说员精彩的解说，一下子把大家带到激动人心的比赛现场。尤其是那段精彩的传球场景，给大家留下了深刻印象。

正看着，青年人忽然激动地叫起来，想起来了什么，他说，大巴车坠崖的那一刻正是球进了的那一瞬间。

"对！忘了还有——"青年好像又想起来什么。他说在观看足球比赛直播期间，因为感冒的缘故，他低头擦了一下鼻涕，这时他好像看见他座位的斜前方，有位男士，用右脚做了一个漂亮的传球动作。

"该死的传球！"听到这儿，司机怒目圆睁咬牙切齿恶狠狠地骂了一句。

点 评

一次偶然导致一场车祸，此篇的警示意义更大于故事的真实性。文章更深层的意义在于偶然背后隐藏着的必然，"球"是怎样从后面一脚一脚传过来的，只要中间有一个人弯腰捡起来，后面的故事还会发生吗？令我们反思的不仅仅是个人道德问题，还要追问不良社会公德背后的原因是什么。

假牙

作家心语：虚假的心，换不来真心相待。

男人想再找一个。

妻子已经过世两年了。他本来是想独身一人度完余生的，毕竟年龄大了，头发都花白了。等过几年，把公司交给儿子打理，自己也该退休回家享清福了。可是，那天看了那期电视相亲节目后，他内心竟然动摇了，生活的激情重新点燃。

虽然男人没说什么，时间久了还是被儿子看出了心思。你说，没事儿总盯着相亲节目看，就是傻子也能猜出一些什么。于是，某个早晨吃饭的时候，儿子就在饭桌上鼓动男人再给自己找一个后妈。

男人叹了口气，说："老了，黄土埋脖子的人啦，还找什么找。"儿子就说："哪老呀，染染发、美美容，再换一套年轻人的行头，谁能看出你多大岁数？！"

儿子鼓动几次，男人果真有了信心。经过一番修饰，男人看上去年轻了许多，站在镜子前仔细端量一番还真像儿子说的那样。男人再站到人前的时候，大家都吓了一跳，说："这是谁呀？怎么不认得啦？这么帅，还不上电视相亲？"

经别人这么一说，起初，男人没放在心上——电视相亲是年轻人的事儿，自己还赶什么新潮。说得多了，他真动了心思。想想也是，一个身家千万的老总还找不到一个如花似玉的年轻姑娘？年龄大怎么了，多少人想往身上贴，那还得看条件呢。

毕竟是上电视，男人还是谨慎起来。先是征求了儿子的意见后，又招来几位好友商量对策。大家的意见很一致，好好准备，以更加年轻的姿态出现，成功率会更高些，毕竟台上的女嘉宾都才二三十岁。

头顶秃了，就戴上假发，皱纹多了，就除除皱纹。这么半年过去了，男人看上去果真像三十出头的小伙子。这期间他还把年龄也改了，把出生时间向后推迟了28年，本来算算今年该是63岁的，一改结果就成了35岁。一切准备就绪了，男人信心十足地报名了。

经过几个月的漫长等待，终于等到了节目组的通知。接电话的时候，男人蒙了，想不到这样的好事儿真的降临到他头上。

录节目前，有一件事又难住了男人，那就是头上极易滑落的假发，录制节目时要是当众滑落了，那多难堪呀。男人费了一通周折才找到解决问题的办法——请戏剧团的朋友帮他把假发在头皮上粘牢。

真没想到，男人一出场就引起了轰动。年轻，帅气，文雅，又显得成熟，不俗的谈吐一下子吸引了众多女嘉宾。台上大家对他的年龄竟然没有丝毫怀疑。下来后，还果真牵手一位自己中意的姑娘。姑娘名牌大学毕业，芳龄还不到三十，青春貌美，才气逼人，看一眼就让人心动。

节目下场后，男人先约了姑娘吃夜宵，还喝了红酒助兴。

分手的时候，男人依依不舍，姑娘也难舍难分。于是男人决定送姑娘回家。

宝马车绕了好大一圈才在一个富人居住区停下。一栋栋风格独特的别墅霸道地闯进他的眼帘。然后是一同进屋喝茶，坐下来聊天。装修奢华的房间全是姑娘寂寞忧伤的眼神，聊着聊着两人就抱在了一起，空荡荡的房子里便只剩下他们两人纠缠的身影。

后半夜，男人从梦中醒来。睡梦中，他感觉有一只大手正使劲揪扯着他的头发，于是便醒了。醒来后的男人知道那是假发粘得太牢头皮揪得难受造成的，内心一下清醒许多。男人坐起来看见姑娘侧脸睡得正香，想想自己做的事儿忽然后悔起来。本来挺正经的人怎么做了一件荒唐事，一旦姑娘知道了真相，该怎么办才好。

斗争了好半天，男人终于决定把真实的自己展露给姑娘，企求得到姑娘的原谅。他想，如果她能接受，那是再好不过了，如果接受不了，散了也就散了，末了他会赔人家一笔可观的精神损失费。

拿定主意后，男人蹑手蹑脚来到洗手间，打开壁灯，自己开始动手揭去粘在头皮上的假发。

正忙着，盥洗台上一个玻璃杯子引起了男人的注意。杯子晶莹剔透，盛放着同样晶莹剔透的液体，液体里正浸泡着一样东西。

借着灯光，男人把头探过来。忽然整个人都傻了。男人倒吸了一口冷气，丢下那位可人的姑娘，以最快的速度从房间里消失了。

路上，男人脑海里不停闪现着一副令他作呕的画面：一对乳白色的假牙。

点　评

假牙和假发都是现实生活中通行的面具，一旦这些面具被人揭下，露出的是无法直视的丑陋嘴脸。虚假的东西，在真实面前终究要现出原形。

面具

作家心语：考验别人即是考验自己。

男孩和女孩是在网络上认识的。聊了很久，他们都很熟识了，仍然没有见过面，也不曾视频过。不是男孩不想，而是女孩不同意。

一天，男孩QQ里对女孩说："我们见面吧，还怕见光死？不见你，我真的要活不下去了。我的人生梦想就是和你生活在一起，每天过芬芳的生活。"

女孩在那边就笑了，QQ里发过来一张嘻嘻的笑脸。

是第三十一次碰壁。男孩有些泄气，可还是不甘心。之前，他曾把自己的生活照发给她看，她只回了一句话：帅呆了！当然是真的帅呆了，一米八的身高，一张金城武的脸。何况还是一所名校的在读研究生。关于女孩的情况，他只知道她在另一个城市的大学读书，她还有一个双胞胎的妹妹和他在同一个城市上大学。

女孩不受引诱，始终不曾发过一张照片。男孩却还是能从文字交谈中感受到她那颗蠢蠢欲动的心。是不自信，还是唯恐受骗？男孩想不明白。

"你实在想见我吗？可以先和我的妹妹见见。如果，你能接受她的容貌，接下来，我自然就会出现。"有一天，女孩终于松了口。

"她丑吗？"

"还可以。"

"好啊！那就见见。在哪见？什么时候？"

"就周末吧！在你城市的森林公园门口，周六，九点，我妹妹那天会穿紫色的裙子。"

男孩欣喜若狂。周六准时赴约，见了，却开心地笑了。是一个大美女，身材高挑，皮肤白皙，一张金喜善的脸。那天，两人聊了很多，还吃了烛光晚餐。自然，两人还聊到了在另一个城市的女孩。

"我和我姐姐，你更喜欢哪一个？"走的时候，女孩的妹妹问。

"都喜欢。"说完后，男孩就有些后悔了。这样的话如果传到女孩那里，她还会理我吗？当然，发自内心，他更喜欢未曾谋面的姐姐。

据妹妹告诉他，她们姐妹两人长得如同一人，只是妹妹嘴角有颗痣。说这些的时候，妹妹指着自己的嘴角给他看，生怕他认错人似的。果然，在她的左嘴角边，他看到一颗小米粒大小的黑痣。因为那颗黑痣，妹妹的面孔美中不足，却显得别有风韵。

从此之后，男孩更加思念女孩了，他常在睡梦中勾勒她天仙般的容颜。QQ里，他说："见你妹妹了，就如同见到了你，你还怕什么？"女孩沉默了一会儿，说："害怕距离离间我们的感情，如果你的身边有一个和我一模一样的女孩，你还会喜欢我吗？"

"即便有一个和你一模一样的女孩，我也会做到春心不乱。"男孩的话很果断，也很坚决。果然，之后，男孩再也没有和女孩的妹妹见过。中间几次，女孩的妹妹有事约他，他都找种种理由拒绝了。

男孩的表现感动了女孩，半年后，女孩决定来这个城市见他。男孩又是一番激动。

约会的地方仍然选在周末，仍然是在森林公园的门口。女孩说："那天，我穿紫色的裙子。"男孩就笑了。男孩说："那天我戴恐怖的面具。"女孩也笑了。

那个冬日的早晨，北方的天很冷，男孩早早来到公园门口。在风中站得腿都要麻了，仍然不见女孩到来。站在风中，他不停地搓自己的双手，以抵御这逼人的寒冷。直到夕阳西下的时候，公园门口才出现了一个穿紫色裙子的女孩。

她远远地向这边张望了很久，天快黑了，才鼓起勇气走到他面前问："你是阿祥吗？"

"是。难道你是云中燕？"

女孩笑了："是我，我是不是很丑？"

那是一张面目狰狞的脸，一脸的烧伤疤痕，与妹妹的貌若天仙判若两人。男孩望着她，挤出几分笑容："还好，总没我恐怖吧？！"

"意外吗？现在你后悔了吗？"女孩那张狰狞的面孔中射过来一道追问的寒光。

"不后悔，我一直深爱的是你那颗纯洁善良的心。"

"真的？"

"真的！"

女孩忽然哈哈大笑起来。然后，转过身，用手在脸上使劲撕扯着。再转回身的时候，是一张白皙粉嫩灿若桃花的脸。女孩手里拿着一张软体面具，因为笑得有些夸张，左嘴角边一颗黑痣像一个跳动的音符在不停地抖动。

"没吓着你吧？"女孩对男孩说。

"没有。——我，我吓着你了吗？"男孩哆嗦着嘴唇，有些笨拙地问女孩。

"刚开始确实吓着我了。要不我怎么会下午才出现。你脸上的面具也太吓人了吧。快取下来吧，要不我就要走了。"说这些的时候，女孩伸手去揭男孩脸上的面具。她使劲撕扯，可是那张面具却始终揭不下来。

突然，女孩的手停了下来——原来那是一张真实的面孔。

女孩一脸惊恐地逃走了。

望着女孩匆匆远去的背影，男孩颤抖着嘴唇失声哭了起来。

一个月前，男孩在一次火灾救人中，永远失去了青春的容颜。

点　评

　　莫要试图以考验获取真心。考验不仅仅是在考验人心，也是在考验人性。只要设了局，谁也无法置身局外。文章写作从探究浅层的故事真相，深入到探究人性的幽微，使得简单的故事有了令人警醒的深度。

时光旅行

作家心语：没有依附的心灵，无论在虚拟的世界里经历多么漫长的旅行，终究要被拉回现实。

苏雅醒来的时候发现自己躺在一张硕大无朋的床上。一滴咸湿的雨滴，拉出长长的光线从上方落下来，砸在他的额头。就这样，他完全清醒过来。望望四周，陌生得很，空荡荡的房间里只有一张无边的大床，除此之外便是高耸入云的屋顶和四个大大的窗户。连一扇门都没有。

苏雅不知道发生了什么，甚至连自己的名字他都忘了。第一个念头他想到了逃离，在无边的床上滚动了许久他才滚到床边。

然后，他赤脚站在临窗的位置，望向窗外。窗外没有太阳，灰色的天空正飘着雨丝。目之所及，到处是高大的建筑物。窗户上装着厚厚的玻璃，他动手敲了敲，当当作响，想把它推开，可是一时又找不到推手，只好作罢。可是即便这样，细细的凉凉的风裹挟着雨的湿润，还是一阵阵从窗外飘进屋子里，仿佛那些玻璃并不存在。一瞬间，他的脸被打湿了，他激灵地缩了一下脖子，整个身子竟然像弹簧那样变短了许多。这把他吓了一跳。

透过玻璃，他看见窗外的空中飞着许多小飞行器。一辆鳄鱼形状的铁家伙从远处飞过来，飞到他的窗户边时，停了下来。一个满是络腮胡的家伙从鳄鱼头的位置探出来，一脸善意地问他："先生要出门吗？"他习惯性地朝络腮胡笑了笑，整个人便飘起来，毫无障碍地穿过窗户玻璃，穿过鳄鱼车厚厚的铁甲，轻飘飘落在驾驶室副驾驶的位置。

"先生，要到哪里？请告诉我地址。"络腮胡又亲切地朝他看看。可是，他一下被问住了，他不知道究竟要去何方，便说了一句："随便转转吧。"

络腮胡塞给他一个四四方方的笔记本，说："你选一个地方才好。"苏雅于是像模像样地接过来。

笔记本的首页有三个按钮，上面分别写着现在、过去和未来。他索性点了一下"未来"，然后，他看见笔记本上有一组数字飞快转动起来：3085、3086、3087……7013、7014……络腮胡看了他很久，见他迟迟没有按下按钮，便不客气地点了一下笔记本的界面，最后定格住的数字是201377777。

络腮胡冲他笑笑，说："太好了，好久没有顾客去'未来城'旅行了，这下好了，随你一同再去看看。"苏雅听到"未来城"这个词，联想到了那组数字，便明白了一切。

这时，鳄鱼车前面出现一道亮光。鳄鱼车开始进入一条特殊的通道，透过驾驶室前面透明的窗户，苏雅看见满天星光飞速落向后方，似乎过了很久，他都要睡着了，鳄鱼车方才停住。透过窗户，苏雅看见一个灯火辉煌的世界展现在眼前。没有日光，满天到处是亮闪闪的灯光，一座座楼房长着翅膀悬浮在空中，像一只只巨大的萤火虫在空中飞来飞去。

这时络腮胡从苏雅的手中夺过笔记本，轻轻读起来：现在你处于银河系的边缘，人类现在已经霸占了整个银河系。每一个悬浮的大楼都是一个自由运转的飞行器，他们自己生成能量，自己决定旅行方向，如果乐意的话还可以驻扎到银河系任何一个星球上，包括太阳。

"想去尝试一下吗，先生？"络腮胡读完后望了一下苏雅。苏雅正张着嘴巴，望着窗外飘来飘去的发光体发呆。他听到络腮胡叫他，想点点头，想了想，还是没有做。

"先生，想好了吗？不过，去之前，你有必要读读下面这一段文字。"

此时人类已经进化成了特殊的生物群体。他们没有性别甚至很少有肉体的部分，在星际间旅行，他们周身已经被特殊的金属取代，只在控制区域安置一个活性细胞。一个飞行器里只有一个活着的大脑，是它控制着整个飞行器里所有的生物体。

络腮胡递过来一面镜子给苏雅。透过镜子，苏雅看不见自己的脸，里面只是一堆陈铜烂铁。苏雅吓得五官扭曲赶紧将镜子推开。

"还是回去吧，我可不想长成这样子。"苏雅的声音有些沮丧。络腮胡听了，只是笑了笑，转动一下手里的方向盘，眼前的景象便消失得无影无踪。

"不如回到过去再看看。"络腮胡建议道。

"那我应该到哪里看看呢？"显然苏雅是同意了。拿着手中的笔记本，他点了一下"过去"，看见笔记本荧屏上的数字开始飞速变化：3084、3083……2065、2064……

这时候的苏雅已经清醒了许多，母亲父亲老师同学汽车计算机教室课本等等形象开始一一挤进他的脑海，虽然有些陌生，但他还是一点一点记起来了。他还是想回到自己来时的那个世纪。

可是他的手太慢了，或者说，是笔记本上的数字变化太快了，在他发愣的瞬间数字已经发生了巨大变化，等他点下来的时候，出现的数字吓了他一跳，他认真数了数数位，然后读出来，发现那个数字大概是－240亿，如果数字的单位以年来算，那现在就是２４０亿年前。

最后，透过驾驶室的窗户，苏雅什么也没有看见。

240亿年前的宇宙应是混沌一片，刚刚开始诞生。苏雅长长"啊"了一声，随着鳄鱼车，顷刻间灰飞烟灭。

喊叫过后，随着一阵疼痛，苏雅醒了。睁开眼睛，坐起来，他看见母亲和父亲正站在眼前。母亲揪着他的耳朵不放，大声骂着："一个月都不见你的影子，你让我们找得好苦呀。这么久的时间都在玩游戏吗？玩游戏可以当饭吃吗？再这样玩下去，你整个人就废了……"

母亲骂骂咧咧哭哭啼啼，父亲怒目而视还动手打了苏雅几下。离开座位的时候，苏雅看见脸前那个电脑荧屏正闪烁着，几个机器怪物战斗正酣。苏雅一步一回头恋恋不舍地离开了网吧。走了很远了，他还回了一下头。

这时候他忽然想起来了什么。他想到自己像是刚刚经历一场时光旅行。不过，未来和过去，他都穿越太久了。想到这里，他轻声叹了口气。不过让他高兴的是，他总算找到了回来的路。

★ 点　评

不管在虚拟世界沉迷多久，终归要回到现实中，那么你选择什么样的生活方式呢？文章在写作中以科幻的壳子讲述的故事，最终与现实对接，使虚无缥缈接了地气。

雾都

作家心语：失去理性的进步本身就是自取灭亡。

雾一降下来就没有收的意思。整整一个月了，整个城市还是雾气腾腾模糊一片。像是在每一个人鼻子上架了一副磨砂镜片眼镜。这多少让人有些意外。

早上，邻居家的朱老太太要出门，他叩开我的房门问我要不要她顺路捎带一些东西。我看了她一眼，吓了一跳。她出门时一副全副武装的样子，帽子口罩手套自不用说，身后还背着一个带电的空气净化器，像是要到太空旅行。我朝她笑了笑，表示谢意，然后挥了挥手。

我说雾霾天气出去要注意身体。

她听不明白。无奈我把嘴巴凑到她耳际，大声告诉她是雾霾天气，连说了三次，她还是没有明白过来。她张开着牙齿稀疏的嘴，回过头，慢吞吞地说："什么雾呀霾的，不都一样吗？"后来，她摇着头说："小时候在乡下常见下大雾，大冬天哪有不下大雾的，可还真没见过一下一个月的雾，真奇了怪！"

她不明白归不明白，但她一定知道这样天气的危害，不然，她不会包裹得严严实实刀枪不入。

朱老太太有慢性支气管炎，她下楼的时候依旧呼哧呼哧大喘气，像一个破了洞的窗户。

朱老太太年事已高孤身一人，她的亲人又都不在身旁，所以她只好亲自下楼采购。

我望了她一眼，深深叹息一声，然后回房间继续专心致志地看电视。电视里正播报新闻，天气专家侃侃而谈，发表治理雾霾天气的见解，每个人都是满嘴云烟，夸夸其谈。一会儿镜头又指向坐在中央的市长，市长表态说，政府会根据专家的意见，迅速关停一批高耗能高污染的企业，特别是刚刚上马的几家大型火力发电厂。他刚做过表态发言，一位专家就接过话来，专家说，如果关停了火力发电厂，整个城市将陷入一片黑暗之中，整个城市就瘫痪了，治理应该是个渐进的过程。听了专家的话，市长赶紧点头，收回刚才的发言。这时候，另一个专家发表了个人见解，认为工厂的污染不会占主要因素，根据国际数据，主要还是汽车排出的尾气含有大量微小颗粒，这才是治理的关键。可是，因为雾霾天气许多车辆都被迫停在家里了，还需要治理吗？专家听到有人质疑，立即闭上嘴巴。电视台又把镜头摇向医院，因为雾霾天气，医院患者激增，已经人满为患。前几日发生的数起恶性交通事故也让整个城市的医疗资源更加紧张。汽车发生连续追尾，使得城市的几条街道处于交通瘫痪状态。现在，但凡没有重要事情或者需要长距离奔波的急事要办，大家都愿意把私家车藏在车库里。路上只有稀稀拉拉的公交车，还在正常运转。

我看了半天新闻，见他们还是一头雾水毫无头绪地讨论，便关了电视机，从客厅移步到阳台，向外张望。许多天我都是这样。可是玻璃窗外除了白茫茫一片外，什么都看不见。躲在屋子里已经好多天了，我不敢出门，连工作都辞了，我不能因此而丢掉自己的性命。我想我银行里的几百万存款可以支撑一段时间。

无所事事，我打开了储藏室，查看储藏的食物还有多少，然后摇摇头合上门。

然后，我又打开电视机。这时几条新闻打动了我。一条是一所学校的学生已经自创了一套室内雾霾天气保健操，据说效果神奇，正在大力推广，电视画面中，我看到许多中老年人也加入进来，因为运动，大家的脸色红红润润的，看上去心情好了许多。一条是科学家正在研制超级吸附器，如果研制成功了，空气中飘浮的微尘都会迅速消失，可是这项工程才刚刚起步，什么时候会研制成功投入使用，没有人可以提供一个准确的时间。还有一条是太空旅行工程已经启动，一艘超级大型航天飞机已经研发成功发射在即，里面储藏的食物可以供一千人使用一百年，现在正在紧急报名。费用大概一百万元。

最后的那条消息狠狠撞击了我的小心脏。我觉得自己具备这个条件，决定赶快去报名。去迟了，说不定已经没有名额了——这个城市的富豪多得如乡下的老鼠。

我学着朱老太太的样子全副武装后，把车库里的那辆凯迪拉克开出来。一上路才发现，原来电视台的新闻报道不见得都可信。谁说街道上没有汽车，不太宽阔的马路现在被各种豪华的汽车占据着，挤得满满的。因为能见度实在太低，每辆汽车都挤挤挨挨缓慢爬行。

终于，在煎熬中我赶到一家银行，停好车走进去，很快就灰溜溜地走出来。银行里的钱已经被一个富婆给取完了。我问她究竟取走了多少钱，柜台后面的工作人员竖起一根手指头。我说："一百万？"他摇了摇头。我说："一千万？"他还是摇了摇头。我张大嘴巴，吐出几个字："难道是一个亿？"他说："不，是十个亿。"接着他告诉我，那个富婆要把整个城市银行的存款全部取出来，整个家族移民。我问他："要去外国？"他说："不，她说要到外星球定居。"

果然，像他说的那样，我在几家银行都碰了壁。许多家伙和我一样暴跳如雷，临走的时候，我们把银行柜台上的厚玻璃统统砸碎了。

回到家里的时候，我绝望极了。我感觉自己的呼吸正变得急促，我感觉我的心肺开始一点一点变黑变硬。最后，我失望地闭上眼睛。我想明白了，如果雾霾天气不尽快消失的话人类就会有灭顶之灾。这条新闻预示着整个地球都被雾霾包围，要不大家怎么都争抢着去外太空生活呢？

天完全黑下来的时候，我从床上醒了，用最后一点力气爬起来，打开冰箱寻找可以填饱肚子的食物。最后，拿在手里的只是一小块发硬的面包。

我又打开电视机，了无生趣地看。这时电视中正播报新闻，一条超级大新闻把我吓住——一个超级富翁被人诈骗的新闻，整整十亿元被一个假冒的科学家骗得不剩一分。原来那条太空旅行的新闻是场骗局。

看到这个结果后，我躺在沙发上，咧嘴笑了，然后，彻底绝望地闭上了眼睛。

据说，雾霾天气还要持续一段时间。一个月，或者一年，甚至几年，几十年，都有可能。电视机里又响起专家的声音。专家们又在电视里夸夸其谈了。一点都没有羞愧的意思。但这一次，每一个人说得都很谨慎和圆滑。听上去，一点破绽都没有。

★ 点 评

好的作品善于和社会现实生活接轨，就如这篇，带给世人一种警醒的力量——环境污染已到了危及人类生存的地步，每个人都回避不了。面对现实困境，我们要思考的是，这样的结果是一朝一夕形成的吗，为什么没有及早采取行动？现在我们又该怎么办，是选择无奈逃避或者夸夸其谈，还是面对现实勇于担当？

传奇

传奇是我一哥们儿，发小，还是从幼儿园到高中的同班同学。一路相伴直到高中毕业，然后分道扬镳，我到一个名不见经传的大学读书，他则背着书包滚蛋回家修理地球。

我在很小的时候就曾问过他名字的来历，我说："传奇呀，你的名字是谁给你起的？啥意思呀？"传奇就笑了，把大拇指一竖，头发一甩，傲气地说："我爸起的呗，想让我这一生都充满传奇。"我"哦"了一声，此后，再没问过他这个问题。因为后来他的人生已经给了我很好的注释。

说实在话，他真配得上他这个名字，在他有限的人生岁月里，他把它演绎得起起落落、轰轰烈烈、波澜壮阔，他让他的人生充满了传奇色彩。同时也把我这个普通人衬托得一无是处、毫无光彩。

七岁那年，在一个漆黑的夜晚，传奇一个人溜到村东头，把村小学的后窗玻璃全砸了。两天后，有小伙伴揭发他，学校负责人找到家里来。结果传奇被他爸的巴掌扇肿了脸。还没上学的他就在老师心目中烙下深深印记。

十岁那年，传奇在班里搞恶作剧，趁阿明不注意，一把把他的裤子在背后拉下来。羞得阿明哇哇大哭。阿明的爸妈到学校找他算账，当着全班同学的面骂他是要流氓。骂完后连阿明爸妈自己都笑了，这男生拉男生的裤子也算是要流氓？真是气糊涂了。幸好拉下来的不是女生。不然，人家家长非把他劈了不可。

十三岁那年，传奇在班里背着老师和家长谈恋爱。曾经用一个下午的时间，逃了课，约一个女生去外面玩。直到天黑乎乎了才回家。气得班主任差一点开除他。后来他爸追到班主任家里求了半天情，临走时，又丢下一包刚从地里刨出来的大红薯，才算了事。

十五岁那年，传奇把他爸藏在床头的500元钱偷走了。坐上车到市里疯玩了两天，弹尽粮绝后才回家。回来后他爸把他悬在梁上打了个半死。

十七岁那年，高考前夕，传奇领着一帮人为一个女孩子打群架，把校园弄得乌烟瘴气，影响极坏。校长决定开除他，大会上都公开表了态，非开除不可。这时候，他爸没再往学校帮他求情。结果是传奇自己把事情摆平的。传奇告诉我说，他跑到校长室，威胁说，如果非开除了他，学校就不会再有一天安宁日子，不如让他早早毕了业。结果校长答应了。

十八岁那年，传奇结束了他校园的传奇生涯，回到家，修理地球。许多人认为他的人生会因此归于平淡。包括我。

二十岁那年，我放假回家找传奇玩，那时候传奇正开着一台拖拉机跑运输，埋汰得不像个人。我笑着说："传奇呀传奇，你终于和我们一样变成普通人了。"传奇眼睛一瞪："谁和你一类人，我是传奇，我的人生不会这样平平淡淡度过的。"结果，两天后，传奇把拖拉机开进了沟里，整个人差一点被挤成肉饼。我到医院看他，他头上胳膊上绑满了白色的绷带，他看见我，艰难挤出几丝笑，伸出右手，给我一个胜利的"V"字。

二十二岁那年，我大学毕业后在城里找了一份还算稳定的工作，过着漫不经心的生活。有一天，传奇跑到公司里找我喝酒，这时候我才知道，传奇已经从农村转战到城市了，目前在一家公司做业务推销员，收入高得吓人。只是不久我就听说那家公司涉嫌诈骗，传奇也被牵连进去，蹲了监狱。

二十八岁那年，传奇从监狱里出来，向我借钱做生意。我没敢给他一分。半年后，他约我出来喝酒，开着一辆大奔向我炫耀。我对他说："真牛呀你！"他笑了，说："咱是谁，咱是传奇，能是一般人吗？"后来我才知道，那半年传奇倒卖名贵中药材，发了大财。

三十岁那年，传奇的财富人生重新归零。那时候他找了一个女人，两人厮混很久也没结婚，有一天清晨起床，那女人忽然间消失了，连同传奇的百万存款。传奇叫我陪他喝酒，那天他差一点喝成胃出血。

三十三岁那年，传奇忽然闯进了影视圈。他打电话来，告诉我说，他有一部重要的戏将要上映。我惊奇万分。果然，我在一部不太知名的电影中看到了传奇的身影，不过，他只是戏中的一个武打替身。一个镜头一晃便没了。

三十五岁那年，传奇说他要当编剧，而且根据自己的真实人生经历写出了一个剧本，现在正四处寻找合作伙伴。再后来，他说一个大导演看中了，对剧本大为赞赏，还承诺让他担任剧中的男主角。

三十六岁那年，有一天，我忽然得知传奇不在了，吃惊了好几天都不敢相信这是真的。这个消息是一位公安局的朋友告诉我的。他说传奇在那部自己编剧的电影中饰演一个绑匪，绑架了一个富婆，勒索百万。电影上映后不久，他就被人盯上了，那个绑票杀人的情节和现实中发生的案件一模一样。警察不费吹灰之力就找到了他。原来没发现，是因为他藏在暗处，那时他只是众多影片中一个不曾露面的替身或是一个虚幻镜头中的群众演员。现在不同了。他又完成了一次人生的完美蜕变，实现了华美转身，成就了一段传奇——从一个名不见经传的小人物成长为银幕大人物。

"那他是怎么死的？"我问朋友。朋友说："在押期间，或许是对自己的人生绝望了吧，割腕自杀的。"

后来，我专门找到那部电影去看。看完后沉思良久。

　　我想如果里面演的故事全是真的话，那么传奇的经历远比我知道的丰富和离奇，比如我不知道他收保护费，他欺行霸市，他赌博，他嫖娼，他吸毒，他绑票，他杀人。电影中，当然也有温情的一面，比如他曾经对一个堕落的舞女一往情深，比如他曾经试图努力去救助一个患了绝症的女童。

　　看完电影后，我泪流满面，我又想起来小时候问他名字来历的故事。我说："传奇呀，你的名字是谁给你起的？啥意思呀？"传奇就笑了，把大拇指一竖，头发一甩，傲气地说："我爸起的呗，想让我这一生都充满传奇。"后来我在想，他应该不算是一个彻底的坏人，他只不过是用自己的方式追寻人生的意义罢了。他要证明他叫传奇，他的人生也该是一部传奇的史诗大戏。

　　现在，他终于梦想成真。

　　不过，最终的结局，不是喜剧，是出悲剧。

点 评

　　没有正确的人生价值观指引，人生必将走入歧途。传奇的人生悲剧就在于放弃了正确的价值取向，去刻意追求传奇性的人生经历。

迁坟

村长迈进老族长家院门的时候正值落霞满天。待他从里面走出来却是漆黑如墨的深夜了。

高一声低一声的狗吠声在村子里时断时续。

老族长没出来相送。村长背着手，慢腾腾走出来，也没回头。但老远还是听到老族长悠长的叹息声如振翅飞翔的鸽子，在院子里起起落落。

后来村长便把自己独自淹没在茫茫如雾般的夜色中了。

本来出了老族长家后村长是要回家的，可是那晚他的腿脚忽然不听使唤了，鬼使神差一般越过家门，一直走到村外很远的马路上才停下来。村里时断时续的狗吠声如悠远的钟声变得模糊了，但耳畔机器的轰鸣声却是格外清晰。

"老祖宗。对不住了。"说罢，村长膝盖一软，扑通一声跪了下去。

那晚村长跪了很久才起身，起身时双腿直打战。他目光甩过高高的烟囱与高大的厂房，呆呆望向旁边的一处田地。田地远处是一大团黑漆漆的坟茔，像一大片黑色的云，在他眼前飘过来又飘过去。他恍惚看见他弯腰驼背的爹背着手慢悠悠从远方走过来，然后看见娘咧着豁口的嘴冲他笑，对他摆手说"天冷，回去吧儿"。再后来他看见一大群陌生的面孔龇牙咧嘴怒气冲冲地从那片土堆下爬出来潮水一般涌过来。空气中弥漫起阴冷湿滑的气息。他的脊背就有一股冷风在飕飕地吹，汗立刻淌下来。

那晚的风很凉也很重，把他的脚步声吹成一片扑通扑通的巨响声。走了很远，看不见那片影影绰绰的坟茔了，他还是抹一把老泪，扭回头望了一眼。

第二天日上三竿的时候，老族长拄着拐杖迈入祠堂。他进去前轻轻咳嗽了一下，里面的声音便像一团熄灭的火焰，瞬间落了下去。村长也在，和许多汉子一样，在抽纸烟。

老族长坐下来头也不抬地说："今天议一件事儿，大家畅所欲言。"再后来祠堂里就被一股烟雾笼罩住了。说话声，咳嗽声，在烟雾中一股一股冒出来又悄无声息地落下去。天黑下来后，祠堂里的人群才慢慢散去。

迁坟的事儿经过一次庄重的讨论过后终于被定下来。一些人走出来的时候，眼睛里闪烁着掩饰不住的亮晶晶的火光，有一些按捺不住的欢喜藏在里面。也有一些面孔被层层叠叠的皱纹堆叠着，再怎么舒展都展不开，连蹦蹦的脚步声都显露出一片愁绪来。

其实大家都明白，这件事儿议和不议没什么区别，谁也挡不住，但经这么一议，再毛糙的事儿也变得神圣和庄重起来。当然还有一层意思，是郑重通知一下大家。

迁坟的时间定在秋后，迁入的地点却迟迟未定。距离县里的项目落地还有一些时间。但是，一些人还是觉得时间紧迫得连喘口气的机会都没有。坟地里一夜间冒出来上千个坟头。新坟头的土是黄的，柳条是新插上去的。靠近路边，有人盖房子，昼夜不停，像是要造一个工程巨大的宫殿。坟地周围的地里有人拉起了围墙，养猪场、养鸡场以及蔬菜大棚热火朝天地建起来。养殖场中间地带有人还见缝插针插上树苗。……不过一个月光景，那片坟地周围就成了繁华地带。

县里来人坐着小轿车看了几次，每次来村长都笑脸相迎陪着转悠。走的时候，县里的人一脸不高兴，村长的脸上也拉得比死人还难看，当着大家的面他嚷嚷："不许干了，都停下来吧，干再多，一个子儿也不多赔。"他说他的，像对一堆空气说话，没人理他。

县里来人的时候老族长一次不落在村口等着，赶上了，总要问上一句："这坟地究竟要迁到哪里去，那地儿平整不？"县里来的人就大声比画一番。老族长就似懂非懂地点头。等他们坐上车走远了，他又低下头不停地摇。

望着高高扬起的尘土，再望望那群忙碌的族人，老族长便把头摇成了拨浪鼓。

有一天深夜，老族长拄着拐杖迈进村长家的小楼院。那晚老族长对迁坟的事儿还是放心不下。老族长用拐杖指着村长的鼻子问："迁坟的地儿定下没，最好迁到山上去，可别再折腾了，再折腾那些老祖宗都找不到回家的路了。"

村长把头点成了小鸡叨米。村长说："老族长，你放心，保准不再折腾老祖宗们了。再折腾我是龟儿子。"

老族长摇摇头走了。老族长知道村长做不了主。前几次他不也这样说，可哪次是个尽头？

现在村里的地是卖一块少一块，县里落项目，那片赵家坟也前前后后迁了好几次。这次总该到尽头了——这是村里最后一块地，等到这块地一卖，村里就再也没地可卖啰。

想到这儿老族长总算安下心来——那些亡故的先人终于不用再"奔波"了。

可是几天后村长趁着夜色又迈进老族长家的院门，老族长的心便又悬了起来。

第二天祠堂里，族人又聚在一起议事儿。

事儿没议完，老族长就扑通倒地，一命呜呼了。

一大片哀哀的哭声从祠堂里冒出来随风飘向远方。

坟地的确是要迁到县北边的山脚下。但听说，山脚下那片将要迁入的坟地周围一年后要上几家水泥厂，等到两年后厂子再扩张，那片坟地又得迁。

★ **点　评**

　　一边是活人的生存、发展，一边是亡人的一再迁葬，活人挤兑得死人不得安生，我们何时能找个僻静之所安放他们的灵魂？看似荒诞的故事背后隐含着现实的无奈。

亲爱的宝贝

作家心语：人生需要一颗坚硬的心。因为，现实比我们预想的更加残酷。

　　男人伏在逼仄的床头柜前给儿子写信。第一句，就是"亲爱的宝贝"。写下那句话后男人便笑了，眼角的鱼尾纹波浪一样荡开。男人的脑海里浮现出一张黝黑的孩子脸，黝黑的脸上有一对黑且亮的眼睛，脸是微笑着的，嘴角挂着两弯月牙儿。那张面孔是几年前留在男人脑海里的影像，现在好几年过去了，男人不知道那张面孔究竟变成了什么样子。

　　男人把头转向窗外，他看见建筑工地上废墟一般地沉默着。临近春节，工友都赶着回家过年，只剩下他一个人没有回家。其实在他们走之前他和他们说过一起回去，可是老板的一席话把他的那个火热想法一下子浇灭了。老板说："回啥家，过节就两天热乎劲儿，炮一放饺子一吃心就凉了下来，可你算算来回路费要你半年口粮，不回去我给算三倍工资。"就是这样，他又一次放弃了回家过年。

　　不回家就给家里写几封信，再寄一些钱，或者别的。信要一封一封地写，他计划给娘写一封，给爹写一封，再给儿子写一封。每个人的内容各有侧重。比如爹的就侧重于谈家里几亩地的收成问题，顺便汇报一下自己的工作。娘的呢，就说一说家长里短，谈一下家里的鸡鸭猪狗，当然也谈一下自己的婚姻问题。儿子的，就主要是学习教育问题，估摸着孩子识不少字了，一些道理他能听懂，该教育的一定要教育，孩子娘不在，爹娘又老了，孩子的教育问题总让他放心不下。

男人记得，娘有一次托人写信给他，中间曾经谈过儿子的问题，娘说："你从外面带回来的媳妇跑了，只留下个娃，娃没娘总不是办法，要不你再从外面给娃带回来一个娘？"那时候他读到这里就笑了，他想娘真是幼稚，领个媳妇你以为像买猪娃，到集市上挑一个就行了？现在的女人很实际，不是说结婚不行，是没钱结婚不行，结了婚没钱也不行。想想也是，女人出来之后，肯定不愿意再回农村过日子，在城里，住哪，吃啥，穿啥，也得有个讲究不是。将就一时行，谁会将就一世。泥鳅娘跟自己好的那一阵子也曾信誓旦旦、山盟海誓，可现实教育了她没钱日子就没办法继续，即便生了孩子也不行。泥鳅娘走的那晚泥鳅刚刚满月，奶还没断，泥鳅娘就不打招呼一个人走了，从此再也没有回来。那时候，泥鳅娘不过二十一岁，即便生了孩子也是水灵灵一棵大白菜，人见人爱。现在掐指算来九年了。说不定她早跟一个有钱人结婚生子了，住在城里的大洋房里过着阔太太的生活。

　　想到这儿，男人叹了一口气。男人几年前曾经回过一次家。火车日夜不停地跑，汽车再兜兜转转，几天几夜才回到家。村子还是老样子，到处破破烂烂，是有几处小洋楼鹤立鸡群惹人眼，但里面住的全是老人和孩子，青壮年劳力，男的女的全在外面跑。现在男人的家也翻盖一新，在村里算不上数一数二，但在那些旧房子面前还是很扎眼。男人这次想跟娘谈一谈个人的婚事，自从泥鳅娘走后男人曾经想过再也不谈，可是现在看是不行的，一是泥鳅大了需要有人管教，二是现在自己手里已经积攒几个钱，娶一个新媳妇在当地不算问题，还有就是每次收到泥鳅的信孩子就问他娘去了哪里，小时候哄他骗他说娘在外打工挣钱呢，可咋连信也不给孩子回一个，现在孩子大了懂事儿瞒不过了也该给他一个交代了。

　　男人就在信里给泥鳅写自己和他娘的故事，夸他娘长得怎么漂亮，心眼怎么怎么好，娘走了不是娘的错，不要怪娘，要怪就怪家里穷留不住娘。男人记得刚生下泥鳅时奶水不够，家里连买奶粉的钱都没有，三间到处漏风的旧土房子随时有倒塌的危险。男人写到这里，鼻子一酸，眼泪啪嗒啪嗒落下来。男人停下笔，稳定了一下情绪，才又写下去，男人写：亲爱的宝贝，别怕，现在爹有钱了，再给你找一个娘，找一个待你好的后娘，她胆敢欺负你老子揍死她。

男人就这样写写停停、思来想去，一封信竟然写了一上午。放下笔后，他在大通铺的房子里念给自己听，念得自己眼泪哗哗地流，后来他不念了，拿着信默默地读。后来，他前后数了数，他还发现自己在信里前前后后总共写了十二句"亲爱的宝贝"。这些"亲爱的宝贝"后面跟着许多美丽的句子，比如，"亲爱的宝贝，爹今年赚了许多钱回家就给你娶个后娘，让你知道有娘是啥滋味"，再比如，"亲爱的宝贝，爹回家后先给你买一辆新赛车，让你上学去牛气哄哄的再也不被人瞧不起"，再比如，"亲爱的宝贝，爹想把你接到城里来上学，到时候爹天天给你做红烧肉……"

男人磨磨蹭蹭终于把信装进信封，然后用胶水把信封上，再贴上足额的邮票。出门的时候男人手里拿着三封信。男人想让这三封信同时到达家里给爹娘和泥鳅一个惊喜。

男人撇下工地的一堆陈铜烂铁跑到邮局，先向家里汇去两万块钱。再把三封信投进邮筒里。

走出邮局后男人脸上笑成一朵花。那时候天上已经飘着雪花，空气里正弥漫着呛人的硫黄味。男人在街角的报亭里给自己买了一包香烟，之后又买了一瓶白酒、一包速冻饺子和一挂5000响的鞭炮，迎着冷风赶回工地。一路上男人的心思甜蜜且复杂，有种如释重负的感觉，男人决定回去就把饺子煮上，再把自己灌醉，灌醉后自己就在空旷的工地吼一吼。男人喜欢唱歌，尽管不在调上，但男人有事没事总唱。男人还突发奇想自己编一首歌曲等回去后唱给儿子听，歌曲的名字就叫《亲爱的宝贝》。

一路上，男人在默默构思歌词和曲谱。一路上男人孩子般轻轻地哼唱。

亲爱的宝贝，请不要哭泣，你爹不会永远这样没出息。

亲爱的宝贝，你想过正常人的生活，要爹疼，要娘爱，爹回去就给你这一切。

亲爱的宝贝，多少时间你独自度过，多少黑夜你还睁着不眠的双眼。

亲爱的宝贝，你的伤心，你的泪痕，爹在心里摸了一遍又一遍……

那天男人几乎是一路激昂着走回去的。走到工地的时候男人看见一个快递员跟他招手。快递员说："你的快递，今天是放假前最后一天，再不签，就到年后取了。"于是男人颠着屁股一路跑过去。男人没想到家里也会给他寄快递，家里向来都是寄挂号信的。这让他意外且惊喜。

那天晌午男人微笑着冲快递员摆手，大声说"谢谢"，把快递员送走很远他才迫不及待钻进工棚里。

待到再次出来的时候男人把那挂5000响鞭炮提溜出来。男人一手提着酒瓶子一手提着鞭炮晃悠悠在门前走。借着鞭炮的噼噼啪啪的响声，男人撕心裂肺地吼："泥鳅，我亲爱的宝贝，爹算是给你送行了……"

快递是日夜兼程送来的。爹在信里只说了一件事儿：泥鳅放年假第二天到村子外的河沟边砸冰窟窿，掉进去，淹死了，年前赶回去兴许还能见上一面。

点 评

现实是残酷的，现实社会生活的弱者也是悲惨的。关注他们的生存状态，不仅仅要关注他们物质生活的一面，还要潜入他们的精神世界，触摸他们的思想和情感。认识现实困境，只有从物质表面写到精神内核，才能挖出生活的深度。

暴雨来袭

作家心语： 现实如果无法回避，就直面吧。

暴雨降落的时候是在深夜，几乎毫无预兆，就如滔滔江水袭来。算是百年不遇的天灾。大雨像瀑布一样从天空中奔泻下来，一些巨大的河鱼和鱼草像天外来客也一同扑通扑通落下来。大雨的声音是咆哮着的，如万马奔腾，几小时后村庄便成了一片汪洋。

令人不安的是村庄里一片寂静。没有人在落雨前苏醒然后叫喊，也没有人在雨中醒来绝望哭泣。仿佛是死去的世界一般沉寂无声，又像是一场无关紧要的梦。可是大雨轰轰烈烈下了三天三夜才完全停歇。雨停后，洪水迅速退去，一些人从漂浮着的粗厚木板床上醒来，然后呼喊着跳入水中去捞在屋子里、院子里、街巷里来不及逃离的大鱼。许许多多像猪头般大的鱼被人围进猪圈里饲养，猪圈是石头和水泥砌成的，积水很深，它们嘶吼着企图撞倒用石块和水泥砌成的围墙。结果是猪圈岿然不动，反倒是那些围在一起的猪恐惧地嚎叫不停。村民们吃惊地望着它们，他们以为它们是饥饿了，便随手抓起一些水草丢过去。大鱼张开大嘴使劲撕咬着那些藤蔓般的鱼草，在水里打击出巨大的水浪。当然，他们后来还发现了一个奇特的现象，村庄里的一些人和家畜莫名其妙地消失了。

直到半个月后，那些消失的人群从远处跋涉归来，与他们在村庄里相聚，他们才知道他们还一直存活于世。

那些消失的人群该是没有来得及醒来便随着洪水漂向远方的。是身边的狗的狂吠声把他们叫醒的。醒来后，他们挣扎着坐起来，然后吃力地拧干身上的湿衣服，又在太阳底下打了一个盹儿，才开始想起来回去。再后来他们开始成群结队带着一些漂浮过来的物品，领着成群的家禽家畜，像一场大迁徙往回赶。

他们的队伍幸亏有老者带领，因此他们无须担忧会迷失方向。走了大约半个月，他们才走回故乡兰山谷。途中因为饥饿，他们陆续吃掉往回带领的动物，即便如此他们还需要补充大量的山果。途中大家经过一阵激烈的争吵便归于平静，一些人认为是过度泛滥的罪恶举动引起了上天的不满，可是，即便是所有人都去追问和回忆身边发生的变故，仍然没有人解释清楚事情的来龙去脉。唯一使他们印象深刻的是一片狗吠声把他们逐个叫醒，然后他们便发现自己躺在潮湿的床上，一张张小木床随意散落在一片河滩上。近处的河面上漂浮着的是一大群像是还在沉睡中的动物。再后来，它们也在喧闹中慢慢醒来，缓缓游向河边。

艰辛的旅途使他们胃口大增，日夜不停的奔走又使每个人万分疲惫。但是一些人还是发现了异样，他们发现身上的皮肤异常干燥，有的人的皮肤只是一夜之间便开裂成鱼鳞状。开始的时候，开裂的位置冒出一缕缕血丝，再后来很快愈合变成厚硬的鳞甲。几日后所有人的身上都开裂成了鳞甲。许多人开始无法忍受干渴，不得不重新跳到还未完全退去的河水里。就这样，他们走走停停，然后跳到河水里休息片刻后又重新上路。他们的跋涉成群结队从不停歇。

终于在一个烈焰当头的正午回到故乡。他们的村庄建在一个叫兰山谷的高地上。因此他们返回去的时候街道上已经完全没有了积水。坚硬的石头路面被太阳炙烤得烫脚。在一片鳞甲咔嚓咔嚓的碰撞声中他们走进街道四处张望。一座座石头房子像没有经过暴雨洗礼那样立在原地，甚至连一片瓦当都没有损害的迹象。但是他们走进街道里面还是嗅到了难闻的鱼腥味以及令人作呕的腐肉的气味。

街巷里有一个老人从一扇门后面突然蹦出来，摆动着身体一跳一跳奔向他们。似乎是听到了他们的声音早有预备的那样，但却令他们倍感突兀。他们以为村庄里剩下的人应该在洪水中丧命的。因此他们在街道里相遇后都彼此睁大了吃惊的双眼。令归来者无法相信的是他们自己的眼睛，他们看见老人已经不见了手臂，只有头还是原来的样子，其他的部位已经完全和鱼没有两样了。通过走访，归来者发现无法忍耐的干渴让一些人过早离去了，死去后他们的头颅完全变成了鱼的面孔，但是身体还是人的模样。剩余活着的人只好在围有大鱼的猪圈里生存，猪圈里的积水很深，他们只露出头向外张望着，期待着暴雨再次来袭。

人们无法解释也无法面对发生的一切。经过一番讨论他们终于达成共识，要想重获生机，他们必须找到一处水源丰沛的河流或者湖泊，在水中生活。这是他们从来没有想过的。

那些归来者只是皮肤龟裂成鳞片，其他还无大碍。但是他们已经预知到自己未来也会拥有像村庄里大雨中遗留下来的乡邻那样的命运。

为了寻找新的水源，村民再一次开始了迁徙。不过按照老人的想法，那场连绵不绝的大雨定会在深山形成一处积水甚多的湖泊。那个湖泊应是他们最终的归属地。

他们无法舍弃那些幸存者，只好把那些已经鱼化的村民装在水桶里装上板车一同出发。按照预想他们沿着雨水漫延过的沟壑一路找去。途中，一些无法忍受干渴的人跳到河水里顺流而下了。未及终点，剩余的人全部都跳到水中向着心目中的水源地游去。像是天生的都会游泳，河水里不时激起浪花。开始的时候，大家还把头时不时露出水面，交换一下心中的感受和对未来的想法。几天之后便很少有人在这上面浪费时光了。

湖泊在意料之中存在，它居于一个深山处的峡谷中。各种支流向它汇聚使它变得波澜壮阔。兰山谷的村民到达这里的时候许多人已经无法言语了。他们多半已经完全退化成一条条身体强壮的大鱼。也有一些孩子露出半人半鱼的头在后面一路呼唤一路追赶。

这些孩子在奔进湖中的瞬间，探出头来万分留恋地张望一下外面的世界。他们看到湖边站满了面露好奇且贪婪的陌生面孔以及停在湖边形色各样的奇特车辆。令他们恐惧不安的是，长短不一但看上去都很壮硕的鱼竿已经悬在他们头顶。

他们只张望了一眼便瞬间沉入水底。

★★ **点 评**

　　村民面对暴雨来袭，竟然变成鱼来适应变故，寻找河流湖泊作为他们的归属地。这是人类面对灾难强大的生存力的展现，然而另类的灾难又不期而遇，他们还要面对长短不一的鱼竿的杀戮。看似荒诞的故事，暗含巨大的隐喻。

洞房花烛夜

作家心语：文化里的恶是一把刀，只有见了血，才能看得分明。

残阳夕照，远处的群山抹了一层柔和的金光。

石头娘踮起小脚，站在村头的大榆树下向山那边急巴巴地眺望。她身旁是一群红红绿绿调皮的孩子，此时，一个男孩正拽着她的衣襟在她身前身后左躲右闪，和别的孩子玩捉迷藏。

"别闹！你石头叔的高头大马快来了。"石头娘的话说得明显没有底气，呴着四处漏风的嘴巴虚声假气地说。

孩子们停下了胡闹，伸长脖子，原地蹦跳几下，然后垂头丧气地说："哪有哪有，还远着呢。"石头娘的眼皮就耷拉下来。

这是石头娘第三次跑到村头看。山路远，石头的婆亲队伍天不亮就嘀嘀嗒嗒起程了，掐指算算时间，这时候也该回来了。别是碰上了山里的闲人懒汉，堵住了迎亲队伍，搬凳子坐在路中间听唢呐吹奏？也或许是新娘子恋家，舍不得爹娘，哭哭啼啼不愿走？再或许，是别的？

石头娘正胡乱寻思，远处忽然冒出一片响亮的唢呐声，嘀嘀嗒嗒，惊飞一群野鸟。一群迎亲队伍从远处的山坡下一点一点冒出来，接着一眼就看见了披红戴花骑着高头大马的石头。一台小轿，火红火红地在远处跳跃。

石头娘立刻眉开眼笑，差几个山娃回家报信去，自己又张望了几下，用目光丈量了一下距离，转身一路小跑往回赶。还没跑到家，架在院子门口大杨树上的大喇叭就响了起来，是热闹欢快的《百鸟朝凤》，吵得一村都是欢快的鸟叫声。

一股炊烟从石头家的院子里冒出来。大米饭的香味以及酱肉的香味也飘出来。

盼了一天的事儿，终于有了着落。借着暮色，人们挤进院子里看新娘子。放鞭炮，拜天地，入洞房。一群人吃了饭又散去，只留下一群半大不小的年轻后生聚在院子里，一个个嬉皮笑脸摩拳擦掌任凭石头娘怎么骂怎么劝都不走。

头三天不论大小。这是山里的规矩。娶了新娘子，晚上照例是要闹洞房的。闹的是喜庆，是福气。照老理儿，不闹反而不好。

抽了烟，喝了酒，放几个响屁，说几句荤话，再趁乱在新娘子身上胡乱摸上几把。人多了，起哄让新郎新娘做几个有难度的游戏，做几个让人脸红的动作，等玩够了闹够了，才慢慢散去。有的新娘吃不消这等折腾，找个理由躲起来。可石头媳妇却不行，一揭红盖头，那俊俏的模样就惹得一院子的女人眼红，惹得一院子的男人流口水。

天黑下来后，石头的洞房里就聚满了人，抽烟的，喝酒的，嚷嚷成一团。石头娘踮脚一路碎步往屋子里赶，又是递烟又是拿糖。这群后生可不敢得罪，得罪了，新媳妇不知道要遭多大的罪。

"轮流亲一个。"半大的喜顺先喊起来。

"轮流抱一个。"三十出头娶了媳妇的大柱咧着嘴嚷嚷。

新娘子红了脸，拧着身子一副不从的倔强样儿。不知是谁往前推了一把，新娘子只身倒在床上，一群人就扑通扑通往床上倒……

洞房里放着大喇叭的扩音器，有人把它偷偷打开了，屋外也叽里呱啦地响起来。整个山村好不热闹。

"把石头轰出去，把新娘子绑起来！"玩到高潮的时候，大伙的兴致高涨起来，一把将新郎推出门外，从里面插上门，任凭他在外面胡乱拍打门板也不去理他。

有人还真的找来绳子，三下五除二把新娘子绑起来，一把扔在床上。任凭新娘子亲娘祖奶奶的骂都不行。

"再骂，老子刮你两耳光。"

夜深了，筋疲力尽了，一个个才悻悻散去。留着新娘在里屋哭哭啼啼，石头和石头娘站在门外赔着笑脸又是作揖又是磕头目送这帮祖宗远去。

一切还算看得过去。石头娘忍着泪水，摆手让石头进屋子睡觉。真正的洞房花烛夜，才刚刚开始。

"快来人呀！有人上吊啦！"

第二天，天还没亮透，随着一声响亮带着哭腔的呼喊声，一村的人都急急地往村头赶。

村头的老榆树下吊着一个人，火红火红的衣裳在风里飘摇。

石头娘坐在地上双手捶着胸脯放声大哭。石头一脸死灰站在村头望向远山。

新娘子上吊死了。

昨晚，放在洞房里的扩音器，一晚上都没有关。一整晚，大喇叭都在直播洞房花烛夜的故事。

★★★ 点 评

　　传统文化习俗不能全盘否定也不能全盘接受，是一个批判接受的过程。文章旨在批判农村闹洞房的陋习，新娘子上吊是一个极端的例子，读过引人深思和警醒。结尾处洞房的扩音器一夜未关的细节处理得很好，既避免过多暴露闹洞房的细节而庸俗化，又在暴露闹洞房的丑恶上力度空前。

雨一直下

作家心语：现实有暖，总会有一只温暖的手向你召唤。

雨落下来。地面上很快就有了一条小河在哗哗地流淌。街道上的车辆开始拼命逃，溅起的水花很大，像水面上冲锋的摩托艇。路人也是，拿着东西顶在头上跑，手里没有东西的，就抱着头跑，仿佛后面有一只狼在追。

街道上很快就空了，亮亮堂堂的，像一面大镜子，在路灯下晃人的眼睛。

空荡荡的大街上似乎只剩下流浪汉在雨中慌忙逃窜。他的衣服已经湿透，紧紧贴在身上，以至于他跑起来显得没那么利索与从容，笨手笨脚的，像马戏团舞台上的小丑在跳一支说不上名字的舞蹈。他杂乱的像鸡窝的头也被水浇透了，头发贴在脸上脖子上，糊住了眼睛，一些雨水流进眼里，遮住了他眼前的路。为此他跌了几跤。起先，他躲在一家外表体面的酒店门前避雨，几个穿着制服的保安，挥舞着橡胶棒向他冲过来，吓得他撒腿就跑。这时候，他听到了裤脚和裤裆的撕裂声，刺啦刺啦，大腿处的肉露了出来，闪出一片醒目的白光。风吹来，凉飕飕的。一刹那有人赶紧用手遮了一下脸。后来，他逃到一家银行的自动取款机旁边躲雨。他试探着往里面看，他想要迈进那个小房子的时候，看见几个酒鬼横七竖八躺在里面。

一个酒鬼涨红着脸，嘴巴里发出含混不清的声音："兄弟，过来喝一杯。"另一个摇了一下头，一摆手说："不，来一瓶。"一个说："谁要不来，谁是王八蛋。"另一个说："你才是王八蛋呢。"于是，两个人便厮打了起来。

流浪汉躲在门口不敢进去，睁着眼睛直勾勾看他们打架。忽然一脚飞过来踹在肚子上，流浪汉从台阶上滚下去。流浪汉喝了一口脏水，在水坑里打了一个滚儿，爬起来，慌忙向一个方向逃去。他身后轰然响起一大片夸张的笑声。

雨一直下，而且越下越大。流浪汉在雨中左躲右闪，像是和别人玩捉迷藏。一辆出租车突然来了一个急刹车。一个脑袋从里面探出来，恶狠狠骂了一句"妈的，你找死呀！"接着箭一般，射向远方。

流浪汉显然被吓住了，呆在原地不动了。他像一尊雕塑立在那里，任凭落下的雨水灌进他的脖子。雨水很凉，天已经是秋天了，他连打了几个响亮的喷嚏。是远处的警笛声提醒了他，他赶快闪到马路边。后来警车从他面前驶过并没有停下来的意思，他才放慢脚步。

流浪汉决定拐进背街小巷。或许那里可以找到一个暂时的安身之地。后来，他便步履蹒跚地拐进一条小巷。小巷里还亮着几盏灯，几家小饭馆里面人声嘈杂，酒香和饭菜的香气慢慢从里面透过来，流浪汉吸溜了几下鼻子，长长叹了一口气。他把目光可怜巴巴抛向里面的时候，他看见门口站着一个样子凶悍的妇女，双手正端着一盘脏水向他泼过来。

呼啦一声脆响，路面开出一个漂亮的水花，五彩的油花顺着雨水向流浪汉的脚下漫过来。流浪汉脚底一打滑，摔了一跤，那妇女便仰天哈哈大笑起来。

后来，流浪汉就向小巷深处跑。越往里面，脚下的路面越坑坑洼洼。这期间，有几条流浪狗从他身边跑过来，向他摇尾乞怜，他白了它们一眼，踢了一下脚，把它们吓跑了。有一条没被吓住，向他跑过来，夜里，它露出锋利的牙齿，嘴巴里发出呼呼的怪叫声。吓得流浪汉拼命向小巷深处跑。其实，他跑了几步发现后面没了声音，就停下脚步。他转回头，看见那只狗从水里衔起一根白森森的骨头摇着尾巴，幸灾乐祸地跑远了。

流浪汉叹了一口气，转回身，继续向里面走。他实在是饿晕了，再加上这一路的奔逃，他已经没有力气了。他脑子里浮现出一个垃圾桶，他从里面翻出来两个发馊的冷馒头和半块长了绿毛的面包，后来，他的手向深处探去，还翻出来半瓶可乐，他咧嘴笑了。可是，这条小巷连个像样的垃圾桶都没有，他失望极了，他甚至后悔他刚才做出这个愚蠢的决定。

雨一直下，小巷里的雨似乎下得更大更集中些，他感觉自己就蹚在一条小河里。脚丫子不时碰到几块有棱角的石头，疼得他"哎哟"直咧嘴。有时候，他感觉脚丫子被一个滑滑的东西碰了一下，那滑腻的感觉像是一条黑乎乎的大鱼。流浪汉探身下手去摸，摸上来不过是一个顺水冲下来的香皂，只在他手里待了片刻，它就急匆匆跳进水里不见了。

这时候一股刺鼻的气味飘过来。流浪汉精神一振，欢快地向前赶路，两只脚像两只木桨，使劲搅动出黑色的水花。

小巷深处闪出一个破败院子，破败的铁门半合着。他拍了一下，里面就跑出来一个衣衫不整胡子拉碴的老头，像扫垃圾一样将他拉进院子里。老头把他收留了。

老头看着他那个样子，哈哈笑了，说："今天的收成可不错。"接着，给他递过来一个油腻的脏毛巾，让他擦把脸。后来，还请他坐下来一块共进晚餐，屋子里放着一张小木桌，凹凸不平的桌上放着三碗热乎乎的面糊，两碟子萝卜咸菜，桌角处坐着一个脏兮兮的小男孩儿，抱着碗，扬起脸冲他笑。

院子里搭起棚，没有遮住的地方用油布盖着。收容流浪汉的地方几乎没有下脚的地方，到处都是收上来的废纸箱和啤酒瓶子，断了脚的木头家具，锈迹斑斑的铁丝网，一把没了把的铁锤子以及几把面目全非的铁菜刀。院子堆得满满的，地面上有黄色的红色的以及黑色的水从一堆堆杂物堆下流出来，在院子里横流，酸臭的、发霉的、咸涩的、浓香的各种气味，混合在一起，像一群不知疲倦的苍蝇，又如一群轰炸机，成群结队肆无忌惮地在院子里以及院子周边乱飞。

那老头和流浪汉，用同样的乡音，高一声低一声地说话。

此时，这间破败的小屋子里，冒着热气，响着说话声，还有孩子的嘻嘻哈哈的笑声，暖融融的。窗户口透出来橘黄色的光。

窗外，雨还在一直地下，已经有了飘泼的意思！这时候，听起来，却像在奏一首秋天的小夜曲。

★ ★
点 评

　　一场雨就是一个舞台，形形色色的人在舞台上表演。流浪汉在舞台上的表演也是社会风气的一次集中展示。经历种种坎坷，流浪汉的表演以一个温情的方式结束，揭示了社会对弱势群体普遍固有的冷漠，也反映出底层群体抱团取暖的社会现实。

寻找好人

郝仁是个普通中年男人，黑且矮且胖，一脸麻子，眼睛还小，笑起来的样子很猥琐，怎么看都不像是一个好人，偏偏起了一个好人的名字。不认识的人来找他办事，大老远就在楼下喊他，"郝仁郝仁"，他听见了一边回应一边下楼，一露面，先是咧嘴一笑，这一亮相，十之八九会把对方吓一跳——以为认错人了。等求证一番，才握手致歉，谈笑言欢。

郝仁四十多岁，下岗多年，在小区外面一个路口边摆了个修理铺，靠手艺养家糊口。修理铺的业务范围包括自行车、电动车、摩托车修理，还兼顾配钥匙、修补衣服、修换拉链。所处的位置是繁华闹市，算是占道经营一类的。早期曾被城管追过几次，落荒而逃，声名远播。后来，城管摸清了他的情况后，照顾他，睁一只眼闭一只眼，再后来发生了几件事儿，给他安排了一个有证的摊位。为什么给他安排，没给别人安排呢？因为他做了几件有影响的好人好事，连市长都惊动了。

一件事儿是发生在他摆摊的早期。那天夜晚收摊，一个孤身女人的包被人抢了，恰好给郝仁看见了。郝仁丢下手里的东西撒腿就追，跑了快二里地才把人追上。那抢包的小青年见追者如此执着，甩手丢下抢来的包，跑了。等再跑回摊位的时候，郝仁看见那丢包的主儿正守着自己的摊位哭哭啼啼，一下子就乐了，直接把女人送回了家。这件事儿传出来后，他的生意立马好了好几倍。

有的人为修补一辆破车，推几条街来找他。家里的拉链坏了女人也都是找他来修或者换。当然，他的手艺好、价格公道也是重要的一方面。

另一件事儿是发生在前几年的一个冬天。一个老人迷路了被他带回家，养了近半个月。老人得了老年性痴呆，说不清楚家庭地址，也说不清亲人的名字。没办法，郝仁只好把老人留在家里让无业在家的老婆照看，自己丢下生意出门去帮老人找亲人。找了几天，毫无进展。郝仁干脆把老人领到自己的摊位前请人照了一张照片，写清事情原委及具体地址，印成传单四处散发。后来还连文带图在当地晚报刊登了一则寻人广告。这下广而告之，大家都知道了城里有一个叫郝仁的好人，他收留了一位迷路的老人。登报后老人的儿子很快从乡下找过来，把老人接回了家。登报后第一天，郝仁的摊位就被人围得水泄不通。有人是找他做活，更多的人是来看看他这个人。因为他，这条路一连堵了好几天，这下城管不干了，天天来清理摊位，围观的群众怒了，双方面红耳赤地吵起来，干群关系很是紧张。为此有人集合一帮人到市政府信访局上访。那天是张市长接访，张市长是市政府一把手，听了群众反映的问题，再看看报纸上登的寻人广告，很是激动，立刻给市城管局批示，特事特办，把摊位问题给解决了。就这样，郝仁的修理铺名正言顺地在繁华路段立住了脚。

好位置加好名声，郝仁的生意是越做越红火，天天忙得饭都吃不上。当然，郝仁做生意的同时不忘做好人好事。大家都说郝仁这名字起得不赖，虽然相貌丑些，但人确确实实是个好人。

后来，张市长调到别的市做市委书记，这个城市又来了一个李市长。李市长初来乍到自然要下来调研，很自然就发现了闹市里扎眼的修理铺。李市长问身边的秘书，这是怎么回事儿。秘书就一五一十给他说了。李市长脸一虎，生气地说："真是瞎胡闹，这是城市的脸面呀，一点都不讲究，何况还是违法乱纪的事，真是太不像话了，太没原则了。"不久，郝仁的修理铺就被依法取缔了，郝仁只好把修理铺摆到小区里，再找郝仁就要颇费一番周折。老客户和那些慕名而来者就跑老远到小区里找他。

"郝仁在哪？"

"修理铺被取缔了，就找呗！"

可是不熟悉住址的找了一圈还是找不到，干脆就放弃不找了，去哪修理不是修理？

生意就慢慢冷落了，郝仁就有时间出去散步，做好人好事，弥补内心的空虚。

这天，郝仁一个人溜达到市百货大楼门口，正好遇见一个老人被车撞倒。肇事车辆逃逸了，围观的群众围了一圈，竟然没有一个敢出手相救。郝仁拨开人群，叫了一辆出租车，抱起老人就送医院里去了。不到一小时，老人的儿子赶到医院，看着老人的样子就是一通吼叫："你是怎么回事儿？要人命呀。不拿十万块钱别走人！"郝仁给他解释，他不听，反问："你不撞人，你为什么要送我爸到医院？"

郝仁百口难辩，说："我是郝仁，大家都认识我，我怎么会做坏事儿呢？"

对方一声冷笑，说："天下就没有比你更不要脸的，口口声声说自己是好人，谁信？"

郝仁把鼻子都气歪了，拿出身份证给他。对方拿着身份证一看，扑哧一声笑了："你就起了一个好人的名字，你还以为你真是好人啊？别说了，拿钱看病。身份证在我这儿，你想跑都跑不了。"

郝仁气得快要哭了，说："行，你真行，我回家取钱，你等着。然后转身走了。"

走在街上的时候，郝仁只想哭，现在的人都怎么啦？见死不救不说，有好人相救还要诬赖人。街上有人认得他，冲他喊："郝仁，今天听说你又做了一件好事。什么事，说道说道。你不知道呀，现在好人难当，做了好人被倒打一耙的事情真是多了去了。"

那段时间，街上、报纸上、电视里、网络里全是这样的事情。郝仁知道。郝仁并不理他。他看见街边有一个小男孩摔倒了，一个女孩子跑过来把他扶起来，这时候一个妇女过来就和女孩子吵起来了。好像是说女孩子把男孩子撞倒的。郝仁气急了，跑过去理论，遭到妇女一通臭骂。

从那一刻起，大家发现郝仁消失了。有警察领着一帮人到家里来找他他不在，郝仁的老婆黑着脸说："我也在找他，谁知道他在哪里？昨天夜里就没回家。"警察说："监控拍得清清楚楚，今天来就是还他一个清白的，他真是一个好人。"站在警察身后的男青年就走在前面，点头哈腰，说一通道歉的话。

不久，晚报上登出了寻找郝仁的启事。满城的人都在寻找郝仁。

"郝仁你在哪里？"的广告语写满了大街小巷。人们见面的问候语都变成了"你见郝仁了吗？"

第一个发现郝仁的是城市的清洁工。清晨，她在公园的木椅子上发现了一个奄奄一息的人，看样子很像报纸上要找的那个郝仁。她就对一脸倦容脏兮兮的他大喊："你是郝仁吧，怎么在这儿？全城的人都在找你呢，你怎么不回家呀？"

郝仁从木椅上爬起来，哭了。郝仁说："我还是好人吗？这世道上还需要好人吗？"

清洁工笑了："需要，怎么不需要，离开好人我们还能活吗？"

中午的时候，郝仁在清洁工和众人的劝说下，洗净手脸换了身干净的衣服走向回家的路。那时候，大家都知道郝仁找到了，街道两边全是欢迎的人群。他一出现人们就欢呼起来，好人找到了，找到好人了。有的人还热泪盈眶。

那天晚上，躲在公园里的郝仁本来是想一死了之的，他太绝望了。最后想了想，还是决定放弃，他不想让这个世界再失去一个好人。而多一个好人，这个世界就会多一份光亮和温暖。

那天走在回家路上的郝仁热泪满面，一边走一边对大家说："郝仁还活着，好人都活着，你不用找他，他就在你身边，好人是不怕委屈的。"

★ 点　评

　　郝仁前后几次做好事，结果却不尽相同，反映了时代风气的变化。文中的郝仁做好事被人冤枉，后来对现实绝望逃避现实，是对整个社会良知的拷问。结尾处理，整个城市都在寻找郝仁，与当今社会心理需求是相符的，和谐社会不能没有好人。"郝仁"即"好人"，隐喻巧妙，寓意深刻。

寻找富人

作家心语：财富无恶，恶在人心。

侠浪迹天涯，四海为家。侠行走四方，漂泊不定。

作为侠，他做的事无非是行侠仗义、杀富济贫。那是侠一生的信念与追求，他的前辈都是这样做的，侠当然也要这样做。几十年了，死在侠剑下的恶棍流氓、贪官污吏、奸商淫盗不知道有多少人，或许连侠自己都不清楚。那些人死前样子各异，有的怒发冲冠狂笑不停，有的汗流如注战栗不止，有的面无血色心静如水，有的面目狰狞狂躁不宁。侠心里却只有两个字，痛快。

这年秋天，寒风瑟瑟，一片荒芜，侠头戴斗笠身披麻衣斜挎宝剑在北方一个小城落脚。侠要在这里找到为富不仁的人，然后杀掉，将他们的财富散给穷人，救一方穷苦百姓。

城门入口处，侠轻松用拳脚惩治了几个恶霸后，头也不回，阔步向城里走去。落在他身后的，是躺在地上的，几张满脸横肉嗷嗷叫饶的丑恶嘴脸。

城里的繁华还是让侠吃了一惊，莺歌燕舞，歌舞升平，热闹的不像一个小城更像是一个帝都。宽阔的街道两旁店铺林立锦旗招展，四处游走的小贩，摇头晃脑，吆喝声不绝于耳。但侠也同样吃惊地看到了城里的凄凉与落寞，裹挟在人群中的，总有衣衫褴褛面黄肌瘦的穷人，也随处可见沿街乞讨者。侠那颗仁义之心，忽然又扑通扑通在胸膛狂跳起来。

仁慈的侠，只留下几锭银子方便行走，剩下的钱财，全部为穷人散尽。

　　夜幕降临时，侠在城里一家位置偏僻的客店落脚，天不黑，便早早睡去。后半夜，侠起身净脸黑衣蒙面，然后手提宝剑推开后窗，抬腿一跳，便轻飘飘落在了店后面的街上。侠武功了得功力深厚，所以侠身轻如燕落地无声。深夜里的侠在漆黑如墨的城里四处游走，如一只在草原上空展翅翱翔的雄鹰，自由自在无拘无束，又如一尾游弋在深海里的鱼，孤独无伴却快乐无比。

　　侠飞檐走壁行走如风，眨眼间，便来到一处硕大无朋宽广无边的院落上方，然后在一个高高的房脊头，立住脚步。侠低头展目，院落里，只有一个房间的灯还亮着，清凉的烛光通过白色的窗户纸摇曳生辉。侠提着宝剑，一个飞身，便飘落在窗下……

　　第二天，满城风雨谣言四起。侠昂首挺胸迈步走在街头，见无数人奔走相告，击拳鼓掌。他在心里就笑了，知道又一个为富不仁的奸商命丧自己的剑下，脸上情不自禁轻轻浮起一丝笑意。那天街道上四处传播的都是首号富商买金山被利剑断头的消息。

　　买家的财富几日后便被侠悄无声息地散尽，城里又是一片欢腾。

　　过了几日，侠在又一个黑夜游走在城市之中。城里排名第二的富商郭义山，也倒在侠的脚下。可不知为什么，那天，他竟然有了一丝悔意。骨瘦如柴的郭义山倒下的时候，侠看见他目光里全是慈爱与不解，那投来的温暖又满含疑惑的目光，照得侠后背发寒心里发虚。噔噔噔，侠后退几步，深吸一口冷气，才稳住心神。

　　第二天，风雨满城四起谣言，街道上富商郭义山命赴黄泉的消息又传得纷纷扬扬。那天侠走在街上，满目所见竟然全是哀怨，偶尔还会听到一片片的啜泣声，他的心一颤便莫名疼了一下。侠知道，昨日剑下竟然是一个冤鬼。

　　老了的侠第一次心生悔恨，行走江湖三十年了，他第一次失手错杀了一个好人，一个善良、仁慈的富人。

　　从此，侠金盆洗手退出江湖，归隐山野郁郁寡欢。老去的侠，临死前喃喃自语。侠说：我这一生，杀了多少富人救了多少穷人？！——真的数不清楚。但我归隐山野，却不是因为我错杀了一个好人。现在我才明白，杀了富人，并不能真正拯救多如蝇蚁的穷人，反而看到更多的是那些没有富人的城镇，因为失去了富人而变得更加贫穷与落寞起来。

死去时，侠的脸上，有泪水，也有微笑……

侠死在冬天的一个夜晚，夜晚里一座四处漏风的草房中，草房中一张铺满干草的木床上。杀他的，不是利剑，是他的良心与智慧。

那个冬天的夜晚，漆黑如墨的窗外正呼呼刮着冷风，鬼哭狼嚎一般。到处是一片萧飒景象。屋内却温暖如春暖气扑面。屋里关着灯，开着电视机，电视荧屏在黑夜里一闪一闪的，如泣如诉地响着。那时，妻偎在我怀里，与我一同陷落在沙发与古装电影剧情里。

看完后，妻幽幽一声叹息。妻说："其实，我也是一名侠客呀，也在天南地北地找富人。逮住一个磕头作揖都怕晚了，哪还敢杀人家呀！"

妻的话与侠的遗言，在我看来同样意味悠长。妻是市招商局一名普通工作人员，白天的时候她刚风尘仆仆从南方一座城市招商归来。

点 评

从视金钱如粪土到金钱至上，从杀富济贫到拜金主义，面对财富及其背后的拥有者，古今态度发生了巨大的转变。杀富济贫并不能真的解决贫富问题，如同授人以鱼不能使人摆脱贫困一样，文章意在探讨深层次的意义。如何理性对待财富及财富拥有者，是一个值得思考的问题。

会计张

作家心语：坚守是一种美德。

会计张神情凝重地蹲坐在自家门槛上一口一口抽旱烟。他沉着脸眉头紧锁，一副心事重重的样子，白色的烟雾罩着他的头然后慢慢散开围住全身，像是要把他变成一只肥胖的蚕茧。许是抽得太猛，他猛地咳嗽起来，声大如雷，仿佛要把整个心肺都咳出来。

明儿个要给自家女婿回个准信儿。去，还是不去，给个利索话儿。女婿大宝是包工头，前几年领着村里一帮人马出来混，包了几个工程，赚了不少钱。如今手里的活是越做越大，身边就是缺一个贴心贴肺的会计。外人信不过，自然就想到了自家老丈人。老丈人外号"会计张"，早些年在村集体当会计，老共产党员，认真得要命，一把竹算盘打得噼啪作响，当了二十多年会计没错过一分钱。算的账那是细细发发滴水不漏没出过一次纰漏，也不曾做假账亏良心贪集体一分钱，村里人说起他没有不跷大拇指的。直到后来村里的账本交到乡里管，他才回家歇了。

算账的事儿对于会计张来说不算难事儿，闭着眼都能算清楚。关键是给自家女婿搭伙计心里就有些别扭了，处不好闹了别扭，回家没法交差，以后这亲戚还咋来往。

天要黑的时候大宝又把电话打过来问，他没应口。没一会儿，女儿大妞又摸黑儿从李家屯深一脚浅一脚地跑来劝。架不住女儿的软缠硬磨，一通软话把会计张说得心里很不是滋味，末了会计张一咬牙算是答应了。

第二天起了个大早，会计张打了包裹坐火车转汽车走山路，一路倒腾，天黑透了才到地儿。做活的工地淹没在一座莽莽苍苍大山深处，到了才知道是给公家修水库，要想出去也不难，得爬过一道山梁坐火车。

会计张到了后，大宝给他安排了专门的办公房。是一座临时修建的砖混结构房，屋里的地板砖擦得刺人眼，老板台上放着台式电脑，后面是一把会转动的皮椅子。里间刚刚铺了一床新棉被，暄暄腾腾的，躺上去舒舒服服美死啦，会计张试着躺了一下还真有些不习惯。门外铁将军把门，门上贴一张纸，上书"财务重地，请勿靠近"。会计张看着看着一咧嘴就笑了。

会计张不会用电脑，来时他带着自家的伙什———一把掉了色的竹算盘，足够他应付了。

工作上还算得心应手，和女婿处得也不赖，女婿大宝见了他总是毕恭毕敬，两人从没红过脸儿。转眼大半年过去了，到了年底要给工人结账回家过年，那阵子，会计张没白没黑地忙。

到最后大家伙皆大欢喜拿钱回家的前夜，会计张把账本一合拢，再用食指沾唾沫数了数剩下的钱，心里忽然咯噔一下。

少了一百块钱。

再合计合计，点点余钱，还是少了一百块钱。翻箱倒柜把抽屉翻了里间床铺也翻了，屋里屋外找了个遍，还是不见少的那一百块钱。

夜里大家伙都睡了。会计张睡不着，哈气成冰的屋里他一脸热汗，盘算了半宿，还是垂头丧气一脸死灰地叩开了女婿的房门。

"账上少了一百块钱哪！"会计张对大宝说。

"还以为是什么事儿？！"女婿没睡醒，揉揉惺忪的双眼，看都没看会计张，摆了摆手让他回去。女婿说："不就是一百块钱吗，算个球事儿，回去睡吧爹。"

"少了一百块钱哪！"会计张哭丧着脸摊开双手不停地抖。

"不就是一百块钱吗？没事儿，爹。回去吧！"

女婿睡意难忍冲他摆摆手转回身又合上门。

会计张站在门外一下子把头摇成了拨浪鼓。

夜深了，山里的夜寂静无声，只剩下冷风呼呼吹着。会计张双眼含泪向另一道山梁走去。一辈子没出过错的会计张怎么都想不明白账错在了哪里。借着夜的冷风，他想到外面走走，反正睡不着。

不就是一百块钱吗？再错也是错在自家亲戚账上又不是公家的，只要女婿不追究谁也不会追究。会计张试着劝自己。可理儿是这个理儿，事儿是这个事儿，思来想去会计张还是心事难平。一辈子没算错过一分钱，何况这是少了一百块钱。耻辱啊！

走着走着就爬过一道山梁，天快亮了，借着曙光一抬头便看见了卧在远处的铁轨。火车没来，铁轨上安安静静的。会计张向四周望了望，静静地走过去……

第二天大家伙找会计张，不见他，便急忙地满山找。翻过一道山梁，有人看见一具血肉模糊的尸体像摊开的一张大饼铺在铁轨上。

走近看仔细辨认，正是会计张。

一年后工程竣工。撤销项目部搬运财务室东西时，拉抽屉往车上搬，一张满是灰尘的百元大钞从抽屉与桌子的夹缝中飘落出来，跌在地上。有人把它交到会计张的女婿手里，大宝握着钞票"哇呀"大喊一声，晕倒在地。

⭐ **点 评**

一个一辈子没错过一分钱账的会计，晚节不保，错了一次账，心中有愧，自寻短见。文中给我们提出了两个值得思考的问题：一是忠于职守、忠于内心、忠于人格已经成为稀缺资源，从会计张身上我们该怎样反思自己；二是面对屈辱，如何冲破狭隘的思想观念，用一种更恰当的方式解决。

第**5**辑

时光的暖

　　人可以老去，可时光不会。时光日日是新的。那记忆中的人，也在日日变化的时光中一天天走向未来。那暖，那爱，那心尖的颤，日日不变。

在何方

作家心语：追问人生，心怀幽谷。

想起这个问题时，似乎觉得应该是一个伪命题。但，转念一想，却不然。

在何方，不就是问你何时在何地吗？即便是这样简单的问题，有多少人能说得清楚呢？

静下心来，敛思细想，在何方，真不是一个简单的时间与地理问题。即便是，要回答清楚，却并不是一件容易的事情。

襁褓之中，你定然不知答案。但是到了你开始蹒跚学步，蹦蹦跳跳的时候，你却以为岁月是永恒的，美好是永恒的，连父亲与母亲都是永恒的。仿佛你一直那么小，他们就一直不会老——青春永驻人间。你以为那些你爱的，以及爱你的人，会永远与你同在，一直活在你青葱水嫩般的年华里。没有历经时光的淘洗，没有寒凉人世的侵袭，温暖且明亮的岁月中，你以为你就站在世界舞台的中央，阳光、雨露以及爱总是时刻包围着你，众爱一身，万物敬仰。于是，你便陶醉其中，沉醉不知归路，在爱与时光的长河中慢慢长大。当然，有时，也有一些小挫折，小打击，不过像一场小噩梦，天亮了，便统统忘却了，不在心里留下一点痕迹。早晨，出门的时候，你和小伙伴牵着手，蹦跳着，去寻找自己的乐园，直至夜幕降临，你们还沉浸其中，不知返回。那时，一个简单的游戏，一块湿润的泥巴，一枚圆滑的石头，一条浅浅的河流，抑或是一股云烟，一片花香，一声鸟啼，都会紧紧牵着你的目光与思绪，让你流连忘返，忘记周遭世界的存在。那个时候你定忘记了时光匆匆奔走的脚步声，细雨开始落下来，打湿你的头发，鸟雀归巢了，站在枝头鸣叫，把夜幕一点一点叫成黑色，连远方，父母的呼喊声，都被你忽略了。那一刻，你怎知道你在何方呢？

青年的时候，世界的雨开始下得大起来，暴风骤雨，凄风冷雨，种种不一样的雨落在你的生命中，当然也有冰雹与暴雪闯进你的生活。在拥挤的人群中，为得到属于自己的一席领地，你开始忘我奋斗与残酷厮杀。汗淌了一脸，血溅了一身，眼睛肿了，鼻子歪了，连牙齿都掉了几颗，可是那战斗还没有结束的意思，胜负未见分晓，你还要奋不顾身地闯进生活的激流里。偶尔，你败下来，会一闪想到无忧无虑的少年时光，可是，短暂休息一下，多半时间，你在蓄势待发总结经验厉兵秣马，待找准时机杀他一个回马枪。如果是胜利了，下一个冲锋就拉开了序幕。那时候生活总是充满变数。世界乱得一团糟。有时你沉醉于甜蜜爱情的浪漫游戏，有时痴迷于一掷千金的人生豪赌，有时纠结于纷乱如麻的人事关系之中正无力抽身。进退维谷，万事缠身，那一刻，你怎知道你在何方呢？

后来，人生迈入中年，烦恼种种，伤痕累累，无常与反复开始时常打扰你的生活，你才开始觉醒。你知道，人生并不漫长，现在已经半场。胜负，输赢，得失，快乐与悲伤，光荣与耻辱等等都曾在你的生活中降临，你开始学会宽容，学会从容，学会忍耐，学会沉下心来思考一些事情。可是人生就像夜晚在大海上行舟，风雨飘摇，捉摸不定，一些你看透了的事情却依旧放不下去，一些你想不在乎的人与事你依然要放在心底反复掂量，人生依旧处在一团模糊不定的迷雾之中。那时候你又在何方呢？快乐的时候，你在高山上欢歌。苦恼的时候，你走进寺庙祈祷。痛苦的时候，你约朋友酒馆痛饮。彷徨的时候，你独自闷在房间里惆怅。你不停地追问自己：我在何方，我在何方，可是没人给你说得清楚，也没人给你指明方向。这时候你怎会知道，你究竟是在何方？

再后来，人生暮年，天寒地冻，狂风肆虐，大雪纷纷，你残弱多病，走不了路，做不了事，连脑子都快成了糨糊。趁着还不太糊涂，你开始一点一点慢慢回忆往事，点点滴滴的过往像一场电影，一帧一幕，从你的心底里飘过，你知道真正的人生在感觉中时快时慢，悲喜交错，高低起伏。在回忆中，往事开始在时间的长河里与宽阔的生活地域中，一一建起了坐标，这时候你仿佛知道你曾在何方。可是，转念一想，你的那一小段人生岁月，于整个宇宙而言，不过沧海一粟，狂沙一粒，你竟然又找不到你的方位。这又何谈，你在何方呢？

再后来，你脑子混沌一片，难辨东西。在何方？你怎想得清楚。

想想，这一生的时光，其实你不停在追寻，在追问，在求索——我来自哪里，将去何方，又在何方。可是，答案在哪里呢，又有谁能给你说得清楚呢？

难得糊涂，不问也罢。

点 评

好的文章在阅读过程中，能感受得出其中那来自岁月和生活的沉淀，一种思想穿过那些经年历久的沉积，引发读者的共鸣和思索。从哪里来，到哪里去，这既是哲学命题，又是人生命题。体验生活有时候就是在感受生命的律动。有了追问，人生就有了意义和深度。

沉默的村庄

作家心语：灵魂在岁月中改变了模样，浸透着时光的汁液，而变得沉重起来了。

新年的第一缕阳光在我毫无觉察中飘进生活，可我的心却还停留在2012年的那场寒冬之中。仿佛一整个冬天的冰雪还覆在心头，一整个冬天的寒风，还呼呼地在吹。

记得那是个寒风呼啸、大雪纷纷的夜晚，我和故乡的父亲通电话，我问他："冷吗？"父亲笑呵呵地回说："不冷，晚上盖着三床棉被呢。"

"母亲呢？"我问。

"她也不冷，天天守着火炉呢。"他说。

父亲企图用哈哈的笑语声把我冰冷的心情搅热，可那些看似欢快热闹的氛围，还是把我的心弄得生疼。

我想起早晨，我独坐在电视机前捧着一杯热茶看新闻。屋子里没有开暖气，哈气成冰。电视荧屏中那个西装革履的年轻男主持，用冰凉的腔调，有条不紊地播报新闻。他说，西伯利亚的寒流已经再次袭来，昨天晚上，中国最北部的漠河已经降到30年来的历史最低温度——零下52.3摄氏度，而邻国俄罗斯因为寒冷天气，有近百人被冻死冻伤。

播报那条新闻时，他表情淡漠、语气平和，像是在诉说一个与他无关的故事，我却从中听出了彻骨的寒意。这让我忆起了远方的故乡。一整个冬天，寒风吹拂着的村庄应是宁静沉默的。在呼呼狂风之中，在漫天大雪纷纷之中，在无尽的枯枝黄叶零落之中，它安然无语，静若处子。

当冰河封冻、万物萧瑟时，孤独的村庄就成了一位在寒风中踽踽独行的老者。因为荒野太大，太辽阔，因为他无处藏身，在持久寒风的吹拂中，他被无情的寒冬冻僵了，脸上没有一点动人的表情。

也是那个夜晚，我在孤灯下捧着一本书静静地读，读到刘亮程的《寒风吹彻》时，内心开始有一股冷风轻轻地吹，直至把整颗心吹成冰坨。书中，这样的句子像窗外的落雪，悄无声息地落在我的心上——

"许多年后有一股寒风，从我自以为火热温暖的从未被寒冷浸入的内心深处阵阵袭来时，我才发现穿再厚的棉衣也没用了。生命本身有一个冬天，它已经来临。"

"每个人都在自己的生命中，孤独地过冬。我们帮不了谁。我的一小炉火，对这个贫寒一生的人来说，显然杯水车薪。他的寒冷太巨大。"

"母亲拉扯大她的七个儿女。她老了。我们长高长大的七个儿女，或许能为母亲挡住一丝的寒冷。每当儿女们回到家里，母亲都会特别高兴，家里也顿时平添热闹的气氛。

但母亲斑白的双鬓分明让我感到她一个人的冬天已经来临，那些雪开始不退、冰霜开始不融化——无论春天来了，还是儿女们的孝心和温暖备至。

隔着三十年这样的人生距离，我感觉着母亲独自在冬天的透心寒冷。我无能为力。

雪越下越大。天彻底黑透了。"

那些文字，像是一扇窗户被野孩子投来的石头砸中，猝然破碎，彻骨的寒风一股脑儿灌进屋子来，把冰凉与伤痛永远挽留下来了。

我想起我年老的父亲和母亲。也正如他所写的那样，他们的冬天已经来临，可是，我却无能为力，我帮不了他们，因为我也要孤独地过自己的冬天；如今，隔着三十多年的人生距离，我无法给予他们一丝灵魂上的温暖，我唯有在远方孤独地观望，感受他们在自己的冬天透心冰凉，看着他们被寒风吹彻。

那晚我无语地掩上书，想把寒风也合在书中。可我却再也无法阻挡冬天的寒风，从我心底某处不知名的地方，呼呼吹来。

那风应是从故乡吹来的吧？印象中，在故乡，冬天里的村庄是被那些灰色的房子和孤独的树占据着。冷风就在空寂的街道上穿梭往来，它们摇晃树木，卷起落叶，可劲儿弄出一些引人瞩目的声响。它们虽然敲不开一扇门窗，可是，它们仍然从它们熟悉的缝隙里钻进来了。那些孩子流着鼻涕埋着头并不理会它们，而那些老人却哆嗦着起身，与它们打招呼。其实那也不算是招呼，他们只是干咳了几下，告诉它们，他们还在，仅此而已。

这个冬天，父亲和母亲都成了村庄里的一棵树，繁叶落尽，独对寒冬。他们身边的孩子已经长大，去走自己的天涯了。像原来栖落于树上的那些鸟儿，在寒风吹来之前已经早早离它们远去，飞向远方，只有枝杈间支起的巨大的鸟巢还在——在寒风的吹拂中，摇摇欲坠。

其实，孤独沉默中，寒冷的村庄也有篝火可以取暖。噼噼啪啪的干柴燃烧着，把曾经的繁华，一片一片，烧成灰烬。篝火旁，多半是像父亲和母亲这样的老人，火光在明灭中把他们的脸庞烘得通红，把他们的前胸烤热，却永远无法烤热他们驼着的后背以及那颗孤独寒冷的心。柴火的灰烬在篝火的燃烧中，无声地落在他们的头上，脸上，身上，又无声地飘落在他们将至尽头的生命里。

深冬的夜越来越深了，雪也越来越大了，我突然感到巨大的、无尽的寒冷与黑暗，降临在村庄里，降临在父亲和母亲的生命中。

那天，我在寂静的夜晚想着一些事情，我想，即便我日夜守候在他们身边，那些巨大的寒冷仍然还会降临，还会一点一点冻僵他们的身体，还会一点一点熄灭他们内心的火焰。可是我还是想在这风雪之夜赶回去和他们守在一起，一起抵挡这属于他们生命中的寒风。

很多天以后的一个早晨，一缕阳光打在脸上，在暖阳的沐浴里，我听妻子哀伤地说一件事情。她说，她年老的外婆在这个冬天走了。她说："就在昨天，早晨吃饭的时候还是好好的，下午的时候就不能说话了。她温热的口气轻轻打在我的脸上，痒痒的，我瞪大眼睛，企图在她迷惘的表情中找到一些什么。可是，最终一无所获。"

那天，我被她目光中的巨大的寒冷冻住了，久久无法言语。

我知道，因为冬天，我和我的故乡的村庄一起沉默了。我也成了村庄里一棵繁叶落尽的树。

★★★
点 评

乡村散文是作者写作中的一大亮点，每读来，都让我这样从没在乡村中生活过的城里人萌发出一种到乡村体验生活进行文学创作的冲动。在他笔下，再平凡的乡村景色，都带着浓浓的诗情画意，见证着他的文学功底。就像这篇散文，在他笔下，村庄是自然的杰作，是有生命的。感受村庄，体验时光流转、自然变化，生命中的意味在村庄的阅读中，被一层层加厚。

我要我想要的孤独

作家心语：寻找一条走向自我的路，在更深处触摸灵魂。

网络上，有人问寂寞与孤独的区别是什么？有人回帖说，寂寞是别人不理你，而孤独是你不理别人。这样的答案很形象也很贴切。如果这样去理解，孤独应是一种主动寻求自我相处的生活状态。

那么，在孤寂的深夜里，忍不住想找人聊天者定然不是孤独的，他只是寂寞了而已。因为只有寂寞需要排解与忍耐，如同生命中的忧愁。而孤独不需要。孤独是一种愉悦的享受，是安于且乐于自我处于不被打扰、陶醉其中的生命状态。那滋味像莲子，淡淡的苦中有淡淡的甜。

你见过深夜里踽踽独行的人吗？他刻意避开汹涌的人群，走一条偏僻小巷，甚至独自行走在空旷的铁道上，任狂野的冷风肆虐地吹，直到把他吹得透心冰凉。那时候，他的灵魂就飘在自由自在的风中。

你见过旅途中孤身一人的行者吗？在人潮之中，他表情淡漠，行色匆匆，没有结伴的朋友，只有背着行囊的单薄背影。他会绕开人群走荒无人烟的小道，去看一些别人看不见的风景。旅途劳累且单调，他不言不语，多少人世繁华都被风吹雨打去了，他只要那份行走中的孤独。

你见过伫立于繁华路口口若悬河的演讲者吗？他风姿卓立，表情丰富，用汹涌的语言和肢体动作同汹涌的人流对抗。你可以用欣赏的姿态，停住脚步，向他行注目礼，洗耳聆听他的教诲。也可以置若罔闻，风一般与他擦肩而过。即便随口骂他一句"疯子，变态"都行。他不去理你，连看一眼都不看，他视你为空气视而不见听而不闻。这个时候，他更像是狂风暴雨中的一棵树，风雨飘摇中岿然不动，风息了，雨停了，他仍在原处。外部的世界有多汹涌，他内心的世界就有多汹涌。可是，在这样繁华的世界中，他竟然是孤独的——身外是一个世界，他活在另一个世界里。

你见过图书馆里那些面无表情的读者吗？图书馆里的宁静只是一种蒙蔽人的假象。在波澜不惊的面孔背后，是刀光剑影，是小桥流水，是乱世英雄的策马扬鞭，是滔滔江水的滚滚东流，是烟花柳巷里的莺歌燕舞，是繁华都市中的浪漫传奇……世间多繁华，他们的心中就有多繁华，世间多颓败，他们的心中就有多落寞；世间有与没有的种种，他们心中都有。这样揣测，那是一种忘我的孤独——把自己融入历史、融入故事、融入文字之中，忘掉现实中活生生的自己与活生生现实的孤独。他们自己呢？从现实生活中以一种看得见的方式，隐遁了。

你见过小酒馆里郁郁寡欢的独饮客吗？一碟小菜，几杯浊酒，自斟自酌。有的，闷闷不乐，喝至酩酊大醉，悄无声息，静静而归。有的，边酌边语，话至哀处涕泪交加，言至喜处哈哈狂笑，再后来，不喝了，斜支撑着身子摇摇晃晃站起，疯疯癫癫左荡右摆悠悠离去。那些哀伤与苦恼，作为旁观者，你看得见或看不见，听得出或听不出，都不曾触及你的灵魂。触动你的是那份难言的凉凉的孤独，像是寒冬里在野外摸着一块裸露在风中的铁。

你见过荒山野岭里与世隔绝的隐者吗？一座土屋，一院花香。与豺狼为伴，同花木做友。风雨年华里容颜暗换，风餐露宿中光阴飞转。他不语，看花开花落树荣树枯，他不歌，听风声雨声鸟鸣声——他悟自然大道，宇宙真理。那种孤独，是一种山河之美、草木之美、自然之美。那种孤独是温和与洒脱的，有一种陶渊明式的"采菊东篱下，悠然见南山"的超脱在里面。

你见过自然界的孤独者吗？像苍鹰、猎豹、雄狮、老虎，孤独是因为它们足够强大，不与他人为伍，它们自己就是一个丰富多彩的世界。

世间真正的强者都是孤独的。孤独是通往强者的自我修行之路。像孤灯夜读书，像孤骑入沙场，在心灵挖一口甘甜的深井，在乱世闯一条峥嵘的血路。

孤独是"我"与"我"相处。有对话，有倾诉，有喜爱与欣赏，也有责骂与愤慨，那是一种自我疗伤，自我激励，自我批评，与自我教诲。

总有人寻求与众不同，于是他成了孤独者。在孤独中寻找通往成功与胜利的道路。

每一种孤独自有不同的人生况味。我要我想要的那种孤独，过一种我想要的生活。

★ 点 评

这是一篇精品随笔，文字美、意境美、思想美都令人拍案叫绝，是一篇很值得青少年学习写作和指导思想的佳作。

在俗人眼中，孤独是他所欲逃避的一种状态，而在卓越者心中，孤独是通往强者的自我修行之路。孤独的生活是一种寻找自我的生活，是一种精神生活。不惧怕孤独，不拒绝孤独，灵魂才会在孤独中自由飞翔。

风，吹过四季

作家心语： 四季里有生命的颜色、人生的故事，有风在吹。

不管你留意过没有，风，总是在自由自在地吹，从春到夏，从秋到冬。

当你发现这一点的时候，总免不了要生发出几许伤感，几多无奈，几分哀愁，几处彷徨——你期盼着，风，能停下奔跑的脚步，等一等你那颗落后的灵魂，可风没有。

你忆起少年时候的某个午后，风撩起你的黑发，你青葱般的脸庞被阳光涂抹成金色。柔柔的柳条下，暖暖的风，差一点把你吹睡了。是母亲清脆的呼唤声把你唤醒的。你抬起头，茫然四顾，然后把头转向家的方向，在长长的张望中，终于，你看见了母亲一纸影影绰绰的剪影。这时，一弯河水正在你身后哗哗欢快地流淌，一只鸟儿，隐藏在枝丫间，扑棱着翅膀正欲远去。

风吹杨柳，花香弥漫。那个时候，少年的心如同这春天的风，暖暖的、柔柔的，有着万顷碧波的柔情和一溪春水的欢快。

之后，便是二十出头的青年，在炎炎盛夏的热风里劳作，汗水滴滴答答淋湿脚下的尘土，刺目阳光里，睫毛上的汗水折射出七彩光芒。那夏日里的风有着滚烫的温度，也只有在夕阳西下的时候才变得凉爽起来。于是，紧皱一下眉头，用衣袖撸一下额头，苦熬着，盼望着月色能早点降临，最好再来一场酣畅淋漓的大雨。青年的那颗心，是躁动的，沸腾的，有着滚烫的温度。风吹来，是不安，风吹去，也是不安。

后来呀，便步入中年，你炽热的目光变得安详起来，脚步也有了几分迟缓。你开始把双手背在身后踱方步，在斜斜的夕阳里，在落满金色树叶的树林里散步。萧瑟的秋风吹乱了你的头发，可你的眸子里依旧有暖意，依旧有火光在跳动。秋风扯掉几片枯叶，打在你的脸上，落在你的肩头，你无暇顾及，你心中只有起起落落不停飞舞的思绪。那颗壮志未酬的心，这时候，有些小满足，也装满许多的小失落。于是，在夜晚，在猎猎秋风肆虐狂吹的时候，床上的你总是辗转反侧难以入眠。那颗心，总是悬着，悬着，一刻不停地忐忑着——少年时候高高地提了起来，此时却总不能安然地放下。

再后来，你老了，牙齿稀落，白发苍苍。呼呼的风开始在你空洞的目光里吹，在你广袤沧桑的胸膛中吹。那时候，你老花了眼，看不清楚那是春天的风，还是夏天的风，是秋天的风，还是冬天的风。后来呀连你的耳朵眼儿里都灌满了风声，满脑子都是风声，像是有无数只嗡嗡嘤嘤的蜜蜂在飞。有时，那风是暖的，有时，那风是寒的，你轻轻耸耸鼻子，抖抖胡子，呵呵地笑。你说，吹吧，吹吧，把一切都带走吧。

这便是吹过四季的风——吹过人生四季的风。

有时想想，那吹过四季的风，应是在梦里，是在心中，是在空旷的大路上、陡峭的山峰之巅以及广袤无垠的原野上，轻轻地，轻轻地，毫无声息地吹过。

风，吹过四季，把葱茏的原野变成枯槁的荒原，也把一河坚冰融化成一弯欢快的溪流。可是，你蓦然回首，却什么都没有得到。

你心中只剩下呼呼的风，在轻轻地吹。

　　如果让青少年学生们写一篇关于"风"的散文，可能很多人都感到无从下笔。因为风对我们来说，实在是司空见惯的自然景象，越是熟悉的东西，往往越难写出新意。但作者就能从我们觉得不知如何落笔的最常见的景象中，找到写作的落脚点，展开想象，进行叙述。通篇行文流畅生动，优美如诗。你看，在他笔下——风成了大自然的精灵，奔走在原野里，也吹进生命的深处。感受风的吹拂，像在听一曲生命的歌。写风，写四季变化，人在风中，在四季的变化中，感受着生命的韵律。

时光的暖

作家心语：情感因为岁月的积淀而愈加香浓。

　　时光不旧。只要用手轻轻擦拭一下记忆的镜子，往事便如时光深处的鸽子，扑棱棱，飞了过来。

　　母亲怀抱着孩子，坐在院子中的夕阳下晒太阳。太阳是金色的，洒下的光芒也是金色的，像秋天里飘落的叶子，在风中翩翩起舞缓缓飘落。那怀中的孩子，光着屁股，探进母亲怀里吃奶水，咂着小嘴，吃得正香，脸色粉嫩红润。母亲没有笑，但脸是安详的，她似乎在畅想着什么。是未来的某一天吗，孩子背着书包，蹦蹦跳跳地向学校跑去，她在后面跟过去，踉踉跄跄，追着追着，孩子便跑远了。她跟不上，停下脚步，扶着一棵树，大口大口地喘粗气，她有些生气了，低声骂了一句"坏小子，急什么"。这样想的时候，她嘴角轻轻上扬了起来，在脸上勾出漂亮的弧线。忽然，她的眉头皱了一下，脸上闪现出一丝惊恐，接着，她觉察到自己的大腿一热，一片湿气弥漫开来。她笑了，这小子，撒尿了。她的思绪被现实割断，她看了看远处的夕阳，站起来，往屋子里走，她不知道，她的裤脚像两个水管子，滴滴答答，向外流水呢。

　　父亲最美的时光是站在村头向远处张望。也是夕阳西下的时候，一群乌鸦不合时宜地飞过头顶，发出一片难听的叫声，甚至还会稀稀拉拉落下几堆鸟屎。父亲抬起头，骂了一句"你个乌鸦嘴"，这时候，他感觉，脖颈一凉，伸出一只手一抹。他咧开嘴巴，"哎呀"了一声，"妈的，这死鸟"。是一坨白泥，发出一股刺鼻的草腥气。他皱着眉头，把它抹在一棵树的树干上。树干是粗壮的，满是疤痕，干裂着张开一个个口子，仿佛是一张张饥饿的嘴巴。那坨白色的鸟屎，正好抹在一个张开的嘴巴里。他咧嘴笑了。这样，一段美好的时光，就在不经意间倏忽离去了。再抬起头，望向远方的时候，他便看见一个黑点在远处晃悠。渐渐，那黑点变大，变长，还一跳一跳的。他和那个黑点招手，呼喊，他脸上的褶子像梯田一样层层堆叠，眼睛眯成一条缝隙，几颗稀疏的牙齿在咧开的嘴巴里激动打战，仿佛一不小心就会栽个跟头。慢慢地，那个黑点变成一个人，可以看清楚了眉眼。他的笑，像夏天的阵雨，刹那间收拢了。不是他要等的人，他摆摆手，给对方送别，心尖的那点肉，却开始不停地抖。心里立刻装了一面大鼓，有个壮汉，在使劲地擂，咚咚咚，咚咚咚。后来呀，太阳落了下来，月亮悄悄爬上树梢。他低下头，轻轻叹了口气，背着手，摇摇晃晃往家走，那样子仿佛很决绝，可是，两只耳朵是支棱的，稍有风吹草动都会引起他的注意。是远处的脚步声，还是呼喊声，惊动了他。他停下脚步，转回头，拢住手，向远处望。可是望不清楚，他有些心急，干脆停下脚步，靠着一棵树等。可是，那脚步声和呼喊声忽然又不见了，他干脆蹲下身子等。月亮照着他的脸，地上像撒了一层银子，他伸手去抓，没抓住，他再抓，那光亮就跑了。这时候，他肩头一沉，抬起头看，一张青涩的脸正冲他笑。他激动地站起来，没承想竟然来了一个仰八叉。是年轻人把他拉起来的，年轻人叫了一声"爸"。他心中所有的怨气就都烟消云散了。那晚的月亮真圆，月光真亮，村外起了风，风中响起嘡嘡的脚步声与低低的交谈声。

一天的忙碌，终于在傍晚收了工。大家陆续散去，还有几个年轻人留下来嬉闹。院子里腾腾升起一片青色的雾。那天的母亲，显得格外安详，嘴角的笑从早上一直挂到晚上都没舍得抹去。其实母亲已经几夜未合眼了，脸上的疲惫被一层粉色的喜气托住，随时有掉下来的危险。而父亲平生第一次喝得酩酊大醉，醒来后吐得满地狼藉。父亲躺在床上休息去了，他在还未完全远去的醉意中享受着什么，仿佛白天是一场梦，他又舍不得在梦中醒来。他咂着嘴巴，回味着，眼中的光芒是散乱的，飘飘忽忽，心还停留在白日的激动场景中。他想起新娘着一身红色的裙装，挽着儿子的手向他走来，他听到她娇羞的甜甜的叫声，她说："爹！"他"唉"了一声，抢步上前，塞过去一个大红包。那焦急的样子，好像晚一步，人家就会跑了一样。儿子在他眼中已经是大人了。他不知道是开心，还是该伤心。那天的老婆子，早早收拾过，就回去睡了，他看见她像丢了一件宝贝，有些失魂落魄的样子。窗外是年轻人嬉笑的声音，有一阵，她害怕儿子儿媳招架不过来，从床上爬了起来。可是，她借着窗户望了几眼，就无奈地躺下了。那是年轻人的事情，她走过去似乎有些不妥，可是，犹犹豫豫的还是不放心。本来以为安心了，可以好好睡一觉。那晚，她还是一夜未合眼。

她想起来，那个夕阳西下的傍晚，她在院子里给孩子喂奶。孩子的脸红扑扑的，粉嫩粉嫩的，掐一把就会哗哗流一摊水。果然，那摊水后来就毫不留情浇在了她身上，把她的裤子都浇透了。她想起来，许多个失眠的夜晚，她梦里全是孩子的影子，醒来后，她使劲抓了一把，却是一团的黑，什么都没有。现在，他回来了，她似乎可以日日见到他，可是他离她越来越远，他心里已经被一个年轻的女人牢牢占据着。她想唤他回来，可是，她张不开嘴巴。她只有在梦里唤他的乳名了。

后来，有一天，她和他成了相片中的人物。可是那笑，还挂在脸上。有一只手，总是不忘擦拭。仿佛经过擦拭，时光倒流了，一切可以重来。那时光深处的记忆，永远不会丢失。

人可以老去，可时光不会。时光日日是新的。那记忆中的人，也在日日变化的时光中一天天走向未来。那暖，那爱，那心尖的颤，日日不变。

点 评

人生是流动的照片、变换的场景。在每一帧照片中，都刻满了岁月的纹理。记录生活，描绘生命的姿态，那感人的瞬间总有一种东西能够打动你，让你潸然泪下。那瞬间，有亲情的暖，也有岁月的寒。这篇散文，对细节的刻画描写非常经典，很值得我们学习。

那些生命里的"小"温暖

> **作家心语：** 一点光明即可点破黑暗。一处小暖亦能温暖
> 人心。

一

听朋友讲他们单位里的故事，心里一暖。

说有一天早晨，一个小青年斜挎着背包到他们单位推销办公用品，没敲门，就探头缩脑地钻进了办公室。小青年没开口，脸先红了。因朋友的位子刚好临近门口，他一进来就被朋友发现了。朋友准备上前阻止他，可他这时已经进来了。

那天很不凑巧，单位领导正在他们办公室里检查工作，被这个小毛孩撞了个正着。小青年说："我是……"他刚开口，话还没讲完，就被朋友的领导怒目而视一通臭骂地轰了出来。小青年哆哆嗦嗦退出来后，站在门口，窘得很，灰溜溜要走。朋友立马跟了出来，随手关上屋门，拉了他一下。两人在楼梯拐角处站定，朋友才拍着他的肩头温柔地说："兄弟，加油！谁不是从这个时候走过来的。"

那一刻，朋友看见小青年的肩头耸了一下，两行热泪冒了出来。

临走之前，小青年说"谢谢大哥！"的时候，他的脸上已经有了灿烂的笑容。

故事讲完后我心里热乎乎的，问他，为什么要安慰和鼓励那个小青年。朋友摇摇头，又笑笑，说："一看样子我就敢断定他是刚毕业的大学生——从他身上，我一眼就找到了自己当年的影子。"

"嗨，成长中，谁不需要鼓励和安慰呀！"他轻叹一口气说。

二

那天带女儿上街，回来的时候天色已晚。匆忙挤上18路公交车往家赶，上了车才发现车上人满为患，不仅没了座位，连个扶手的站位都难找。拉孩子挤了半天方在一个立杆旁站定，也只好将就着手拉立杆，站好，让年仅四岁的女儿抱紧我的大腿。我低头看了一下孩子，发现低矮的她此时被淹没在人群里，黑暗一下笼罩住她小小的身体。她仰脸，喊"爸爸"，神情可怜兮兮。我坚定地说："坚持一下，一会就到家了。"她点了点头。

车里人声嘈杂，且异常拥挤，除了我，再也没有人关注到这个人群中的弱者。

车行至中途，临窗坐着的一个戴眼镜的女孩子忽地站起来，冲我抱歉地笑，说："刚才没看见孩子，才看见，真不好意思，快让小孩子坐到这儿吧！"说过后她站了起来，挤到我的旁边，站定。我冲她笑笑，表示感谢。她或许愧意未消，挤开人群走向车后。

孩子坐定后我向车厢后面望去，看到她立在车厢后排，脸红扑扑的，低首垂眉，一副不胜谢意的样子，心里就暖暖的，有些不安。

三

假日，骑摩托车带老婆和孩子回乡下老家玩。因为路况的问题，车跑得很慢。

有那么很长一段土路，我从车的反光镜中窥到，车后不远处有一个青年骑着电瓶车一路尾随着我们。

我的心忽地有了几分忐忑。

车到一个路口的时候，我慢了下来。身后尾随的电瓶车刚好赶上来，和我们并排前行。我紧张地拉了拉身后的妻子，提示她注意腰间斜挎的包。妻子一时间没反应过来，愣着问“干什么”。我并不理她，转头盯了一眼跟上来的青年。

“大哥，你的车转向灯没关。”一个青涩的男中音从身旁飘过来，柔柔的，暖暖的。

我转过脸看他，他微笑着，一脸执着的样子。

四

下班回家，徒步经过一个工地。我看见一个五六岁的男孩子在工地旁边的一条小路上蹲着，不知在看什么。

我好奇地走过去看他。骄阳下，他缩在一个土堆旁，头顶冒着热气，正专心致志地低头往下看，身下是一团被他罩出的浓重的黑影。

我问他在干什么，他抬起头来，一脸伤心地说：“叔叔，我在给蚂蚁找家——推土机把它们的家给毁了，它们找不到家了。”我蹲下身，和他凑在一起，一块儿观看地上的蚂蚁。我看见有几只惊慌失措的蚂蚁，在几个土坷垃中翻山越岭，疲于逃命，仿佛是一时找不到方向，它们在泥土里爬过来又爬过去。

看了一会儿，我笑了，劝他：“别管它们，它们会找到新的家的。”孩子却噘着嘴，说：“它们的妈妈找不到它们会很伤心的，我要等到它们的妈妈来了再走。"

　　我一时不知怎么规劝他，站起来走了。走了很久，回过头来又看他，看见他仍旧一动不动地蹲在原处。他瘦小的身影，在这个正午的太阳光的照射下，显得那么的单薄。

　　一路上我在想，他在等蚂蚁的妈妈出现，却不知，此时家里，他的妈妈正在焦急地等他回家呀！

点 评

　　这样的片段，也时常发生在我们的生活中，但我们的心却如此麻木而迟钝，感受不到其中的美，不然，怎么就没有将这些小善小美写进我们的字里行间？写作本身就是一种发现和思考，善有小和大的区别，但点点滴滴的暖更容易融入生命里，温暖人心。像涓涓细流，润物无声，也必将汇聚成江河湖海的力量。

黄昏

　　许多年了，我不曾看过一个完整的黄昏——没有让一颗平静安详的心投注到一个渐渐隐去的夕阳中。我常常会莫名怀念那种令人心醉，又使人心碎的感觉。暮色四合夜色将至的时刻，总给人一种庄严与厚重之感，联想至一幕轰轰烈烈的人生大戏经过高低起伏悲喜交加，现在终于要正式收场。那一刻若有满天落霞相衬，内心不免要再生悲怆之感。

　　人生进入身不由己、无法掌控的阶段，我便常常怀念少年时候故乡的黄昏。那时候，每一个无知少年都有大量肆意挥霍的美好时光。在无拘无束的玩耍中，赏尽春夏秋冬四季美景，黄昏只是那四季美景的边角料。即便如此，那美仍旧令人回味。

　　那时候，那颗纤尘不染的少年心，还不盛半点悲凉，连一点点小忧伤都不曾有。春天里，暖意融融，清风飞扬，黄昏降临的时候，寓意着一天的忙碌也开始收场。田地里大人踩着田埂荷锄而归。村庄里淡蓝色的炊烟在黄昏时刻袅袅升起。鸟雀开始归林。在亲人们一声声的召唤中，鸡鸭猪狗，还有孩娃，陆续向村庄赶来。那春天的黄昏预示着团聚，是温馨的，在乡村生活中是浓墨重彩的一笔。还有什么时刻能比这春天的黄昏让人感觉更加温馨呢？待到夏日，一场阵雨草草收场，彩虹挂在了天上，等到彩虹隐去，黄昏便悄无声息地来临了。少年觉察到黄昏降临是因为他们听到了合奏声——蝉鸣、蛙鸣以及鸡飞狗跳声，那时候，黄昏如同夏天的天气，是热烈奔放的，是躁动不安的。秋天的黄昏呢，记忆中，是夕阳映照下秋风里纷纷的落叶，像一群蝴蝶翩翩起舞。可少年不记挂这些，少年正专注于树下蚂蚁搬家呢——黄昏的时光就这样在少年的毫无觉察中被黑夜一寸一寸收进囊中。冬日的黄昏总是无法摆脱凄凉，残阳照着落雪，黄昏中，目之所见仍旧是白晃晃的。居于屋檐下，少年偎在几个白发苍苍的老人身边，听他们讲故事。那些故事，多半是陈年老事，讲来讲去，讲到讲故事的老者都觉得无趣了，可那故事仍然没有结束的意思。少年的心是好奇的、欢喜的，总是在问："后来呢，后来呢。"那时候，黄昏中，有落雪的扑簌声、有寒风的呼呼声、有讲故事老者低沉的讲话声。

书中的黄昏却是另一番景象。后来读书，读到"大漠孤烟直，长河落日圆"，我便开始对那落日的壮丽景观无尽向往。可是大漠与长河总是无缘相见，那大漠的落日便在心里一次次落下，那长河的落日便在梦里一次次落下，那壮丽的黄昏只好在心里一次次预演。后来，是秋天一个周六的下午，我终于有机会目睹那份黄昏的壮美。那天在市作协和市水利局的组织下，我随十几个文友乘坐一辆大巴到郊外的大沙河采风。驶出市区后，大巴车爬上堤坝开始颠簸，然后折向公路，一路上看着大沙河蜿蜒如一条巨龙，来到百米宽河面的时候，夕阳正沉沉落下。夕阳与河水相互映衬，那种长河落日圆的壮美之景忽然一下子呈现在我眼前，如在梦中。那黄昏的美，是我在故乡的乡村小河边从不曾领略过的。那一刻我方才真正体悟到，黄昏之美不仅仅有温馨、有欢喜、有庄严、有荒凉、有悲怆，还有难以言表的壮丽与豪迈。

记得早年写作练笔，曾试着以一个老者的心去写黄昏，那端着的沧桑与庄重，现在想来不免令人哑然失笑。那颗不曾经历世事沧桑的稚嫩的心，怎能写出那份厚重与苍凉呢？

后来年岁渐长，人生的感悟多了，对黄昏便多了几分体悟，步入中年我更倾慕于黄昏的宁静之美。我曾在自己的一篇小说中，写过我想要的那种黄昏。

小说中写的是一个农村青年来城市寻找失踪的恋人。为节省开支，他一边打工一边找人，选择在郊外的出租屋里落脚。每天最美的享受便是爬上出租屋二楼的楼顶，坐下来，点上一支烟，慢慢欣赏夕阳西下的黄昏。那颗白日里奔波劳累的心，这一刻，终于放松下来，尽情享受这宁静之美。

许多个黄昏，我是在办公室里度过的。那沉沉的落日在窗外，在不曾觉察中消失殆尽，待冲下楼回家的时候，夜色已然降临了。于是，我总是怀念故乡那质朴自然的黄昏，温馨中有暖意，厚重中有苍凉，寂寞中有忧伤。我向往过一种自由自在的生活，可以心无牵挂、毫无拘束地爬上楼顶或立在窗边，静静看黄昏，一寸一寸的，从时间的长河中慢慢逝去。

那一刻，黄昏里，我会想起故乡，想起生命，想起人生。那感觉如同许巍《故乡》歌词中所写的那样：天边夕阳再次映上我的脸庞，再次映着我那不安的心，这是什么地方依然是如此的荒凉，那无尽的旅程如此漫长。

可是，那黄昏真的无尽漫长吗？于脆弱的生命而言，于有限的人生而言，它如同流星，短暂的辉煌之后便是无尽的寂寞与荒凉。

点 评

"少年不识愁滋味，爱上层楼。爱上层楼，为赋新词强说愁。而今识尽愁滋味，欲说还休。欲说还休，却道天凉好个秋。"或者，只有上了年纪之后，才有一颗静下来的心，静下来的心，才能读懂黄昏之美。引人共鸣的散文，让人悟出黄昏是白日的挽歌，是太阳的谢幕员。黄昏生命是繁华尽头的绚丽烟花，有着绚丽的美与沉沉的哀伤。阅读黄昏，其实也是在阅读生命、解读人生。

中秋思语

作家心语：岁月带走了青春年华，留下的是沉沉的思念。

中秋节临近的时候天气已经转凉。窗外是绵绵不休的秋雨。

这样的日子，总让人心里不免生起几分悲凉。想起这寓意"团圆"的中秋，心中竟然泛起莫名的愁绪来。

几年前这样的节日还未曾放在心上，像寻常日子那样淡淡过着。现在回想起来内心生出诸多感慨。少年时候，在我那颗少年心看来，那节日的主题似乎不在团圆，而是佳肴。亲人是再熟识不过了，有的日日相见，有的不过隔三差五就要碰上一面。日子是热闹的、欢快的，遇到节日，这热闹与欢快就更甚几分。那时候眼馋的是食物，夜里惦记着节日，掰着手指头数，想着盼着偷偷把大口的口水吞下肚子。期盼着节日来了放开肚皮大吃一通。

后来，年岁大了，嘴角长出毛茸茸的胡须，有了羞耻心，有了小秘密，总喜欢把自己的小心思藏在心里不与外人说。团聚的节日便成了一种让人生厌的日子。大人们依旧嘻嘻哈哈唠着家常，在绵绵不休的谈话中倾尽心意。而半大的少年，内心是青涩的、黯然的，不喜言语，害怕哪一句不当的话引来大人的嘲笑。刚开始，还勉为其难随着父母走亲访友，再后来就不干了，连那饭桌的佳肴也失去了诱惑的力量。

那时候即便是多年的伙伴见了也会有生疏。中秋节日里都是青涩得很，羞涩得很。把一张大红脸对来照去。

那时候中秋也赏月，明月高悬，心里却是莫名的孤寂。没有相思，没有忧愁，只有属于少年惨淡的心情。明月下，一颗孤独的心，与一个消瘦的身影，相伴。

再后来进入忙碌的人生季节。那时候仿佛相聚是一件波澜不惊无须声张的琐事。日日相见，抬头低眉间，生发出更多的是一些你是我非你对我错的幽怨。那亲情的暖，在琐碎的时光的磕绊中，淡成一碗咸涩不堪的白开水。

后来，读书读到"月华如练，长是人千里""但愿人长久，千里共婵娟"，心中虽有怅然，但更多是混沌的，漠然的。

人到中年了，方品出几分滋味来。一些亲人故去了，一些亲人因为生计远走他乡，团圆似乎成了一种奢望。世事变迁，物换星移，经历了悲欢离合与生离死别，心中怎能还会是从前呢？望着窗外凉意浓浓的秋雨，内心不禁感慨万千，正如蒋捷《虞美人》中所写的那样，从前是"少年听雨歌楼上，红烛昏罗帐"，如今是"壮年听雨客舟中，江阔云低，断雁叫西风"了。

人生有相聚必有分离，有分离才会生发相思。

那看似平淡的聚首，多年回首，实在是人生的欢愉。仿佛这相聚是聚一次便少了一次。

现在看来，中秋是这样的难得了。

点 评

时令散文好写却难出精品，关键在于是否有一个更新的角度和更深的寓意。这篇时令散文，作者不着力写习俗和欢快热烈的场面，而是笔锋一转写岁月的流转、情怀的暗换，把对节日的表面感受转移到内在的感受上，从而带出人生体验、生命意味、哲学思考。

灵魂的芳香

作家心语：赠人玫瑰，手留余香。

下午温煦的阳光透过落地窗，轻飘飘洒在她身上。她羞红着脸站在柜台前，双腿并拢，低首含胸，背在身后的两只手不停地绞着腰部的衣服。那团衣布，很快就被蹂躏得皱皱巴巴，不成样子。

"同样是学生，这素质差别怎么这么大呢？如果你要看书，给我说'叔叔，我没钱，下次还你'我也会让你把书带走的，即便你不来还钱也无所谓！"一个穿花格子衬衣的男人，铁青着脸，坐在乳白色的柜台后面，挥舞着手臂，絮絮叨叨。柜台上摆放着一台电脑，显示屏被分割成若干块的网状。

她看上去不过十三四岁，微胖的身躯，肥大的橘黄色汗衫罩到大腿的位置，一点也显不出少女婀娜的腰身。她只是低着头，只是双手在使劲绞衣服，一语不发。

"你怎么不说话？是没话可说吧？！我告诉你，我看得清清楚楚的。我这里面有监控。一切都在我掌控之中。"穿花格子衬衣的男人，嘴角飞快地跳动，唾沫星四溅。

她站立着的双腿开始瑟瑟发抖，泪水止不住从眼眶里流出来。

"叔叔，饶我一次吧……我真没钱。以后再也不敢了。"她嗫嚅着轻声告饶，脸涨得通红通红，声音低得像只蚊子。

"没钱？没钱就能偷？都像你这样，我还想卖书不。别以为我不知道，你怎么做，我看得清清楚楚，监控里现在还有记录呢，要不要我调出来给你看——哼！没商量，给你家长打电话吧，过来接你。"

男人吵得很凶，书店里不断有人扭回头望过来，目光里全带着刺儿，在她身上扎来扎去。她把头埋得更低了，一头黑发垂下来，像一块幕布，把整张脸遮得严严实实。

"不叫人，就别想走。"花格子男气急了，挑着眼睛瞪着她，露出一副不容商量的神情。

电话就摆在柜台上，触手可及。她只要想打，身子向前，迈一小步即可。可她却怎么也无法鼓起勇气去迈那一小步，连抬起头的勇气都没有。

时间就这样缓缓流淌而过。不断有人从柜台前结账走人，陆续有人从店外又走进来看书买书。

她似乎成了店里的展览品，就那样静静地戳在那里，也仿佛成了一本活生生的书，被人用异样的目光反复阅读着。每被看一眼，她就感到身上又多长出一根刺。直至后来，成了一只刺猬，被困在人群里，把身子缩成了一团。

夜色降临的时候，店里变得空荡荡的，只剩下了花格子男和她两个人。花格子男上下打量她一番，摇摇头，把头埋在柜台里算起账来，计算器在他手里嘀嘀嘀嘀地响个不停。

花格子男似乎算了很久才停下来。算完后，他脸上浮起浅浅的笑，而后知足地抬起头，猛然间又看到柜台前站着的她。他愣了一下，如梦方醒的样子。

现在，花格子男不得不重新思考如何处置她的问题了。他把手里的笔在手指间飞转了半天，也没想出个所以然，只好把头垂下来看书。

街区远处的灯光陆续亮起来。花格子男从柜台里取了一本书，从里面绕出来，拽着她的衣袖往外走。出了店铺，他转回身麻利地落下卷闸门。

她恐惧着颤颤巍巍地极不情愿地跟在他身后。

街区不远处，转角处，是一家饭店。灯火辉煌，人流涌动。花格子男拽着她闪身进了饭店。

"偷东西还得管你饭吃。你说从哪说理去！"花格子男一副极不情愿的委屈相，仿佛真要他管她吃饭似的。

她并没有随花格子男坐下来，她不敢，也无脸这样做。她就木头一般站在他面前，低首垂眉。花格子男要的是面食，饭很快端上来。他咂着嘴巴，把面吃得响彻云霄。

饱餐后，花格子男带她又折回书店。

书店里重新亮起了灯光。她依旧站在原来的位置，低头含胸，让如瀑的黑发罩住脸，依旧把双手背在身后使劲绞着腰部的衣服，把那一团布绞成麻花。

花格子男依旧坐在柜台后面。他搬弄着手里的书，思考着什么。

"算了。你走吧。下不为例。以后别再来，别再让我见到你。"花格子男抬了抬鼻梁上的眼镜，蹙着眉头，想了很久，又看了看表，才撂出一句。似乎是无奈之举。

然后，花格子男推她出去，哗啦一声，落下卷闸门，她消失在夜色中。

那一晚，她是落荒而逃的，一路上泪水涟涟。她跌跌撞撞地走过灯火辉煌的街区，又糊里糊涂地钻进黑暗的胡同。当她推开家门后，才发现父亲和母亲已经坐在饭桌上吃饭了。她没有理会他们，直接进了自己的房间沉沉睡去。不久，父亲和母亲过来敲她的房门，敲得地动山摇，可她没开。

第二天清晨，她如旧，起床，整理房间，洗脸，刷牙，吃饭，然后整理书包去上学，仿佛昨天发生的事情与她无关。

她刚迈出门槛，却被父亲叫住了。

"闺女，把钱带上，需要什么就买什么。"父亲从皱巴巴的上衣口袋里取出了一张钞票，十元钱，塞给她。

她看着父亲，忽然想哭。父亲刚刚做了手术，瘦弱得像一片随时都会被风吹跑的枯叶。为了看病，家里早已债台高筑了，没钱治疗，父亲不得不回家硬撑着病弱的身体继续找活干。

"对了。还有一本书，送你。"父亲像变魔术，从怀里抽出一本书来。

书，崭新崭新的，只是封面有些皱巴。

她接过来看，泪水在眼眶里不停地打着转儿。那本书，昨天，她在书店里见过，而且还被她捧在掌心，揣在怀里。

她刚要张口。父亲却打住了她。父亲看着她，呵呵地笑。父亲说："书，是人送的。"

"昨晚，你刚回家不久，一个穿花格子衬衣的男子就跟了进来。他说，你在他书店看这本书看了一个下午，临走时，却没买。那么喜欢，却不买，一定有什么难言之隐。"

她抬起头，把嘴巴张得老大。

许多天后，她再去那家书店。发现书店已经换了老板。那个看上去很凶的花格子男，变成了一个穿白色T恤的年轻男孩子。新老板和她打着招呼，她冲他笑了一下。

书店里依旧人满为患，人头攒动，涌动着浑浊的气息。

可她站在那家小书店里，忽然嗅到了一股淡淡的芳香——那芳香来自灵魂。

一切都没改变，除了墙壁上多出的一条崭新的标语：读书是高尚的——可你却不能用龌龊的行为，去实现高尚的目的。

★ **点 评**

读书明理，学史励志。书不仅能启迪智慧，还能净化心灵。从书香，到灵魂的芳香，是一次能量的传递，是一次精神的洗礼。

夜半修车人

作家心语： 走一条路，不图名利，不问胜负，路就走在心上。暖了别人，亦暖了自己。

那天，为了躲避公司的事务烦扰，一时冲动，他竟然借了一辆自行车出去了。穿过繁华的城市街区，漫无目的地向郊外进发。自然是一天畅快的游玩，回来的时候夜色已经降临，一身臭汗往回赶，可心情却出奇得好。

糟糕的是，刚上郊区的公路，车胎却破了。他皱起了眉头，下来推车，之前的好心情转瞬间烟消云散。这里距离在城市的公司还很遥远，回家更是奢望，得赶紧把车胎补了。心里这样想时他四处张望了一下，一下子就失望了。漆黑的公路上除了偶尔有辆汽车疾驰而过，再无别的动静。来时为了避人没带手机，这让他极为懊悔。

推车走了近半个时辰，才看见不远处的路边亮起一盏灯。走过去看原来是一个用简易铁皮房筑起来的小商店，拍了拍门，问了一下，一个中年男子笑呵呵地探出头来说："前面村子里有一个修车的叫老邢，你到前面打听一下。"果然，顺着他手指的方向望去，就看见不远处一个村庄没入夜色中，隐隐可见。

好不容易到了村边，把车推到村子里，村子里黑乎乎的不见一个人影，家家户户都闭了门，只有偶尔传来的几声狗吠声打破这沉闷的寂静。他摸黑敲开几户人家问，才找到老邢。没有院墙，远远就看见一个土坯房子里亮着一盏橘黄色的灯。推门进去，寒暄一番，宾主落座。望着那张被橘黄色灯光照亮了的面带微笑布满皱纹的脸，不知道怎么，他的心就暖暖的。

那晚进去的时候老邢正在家吃晚饭，饭桌上只有面糊和咸菜，一个老婆子和一个半大的青年陪着老邢围着一张小方桌吃饭。听说是补胎，老邢乐了，扔下碗筷拍着大腿说干就干。借着屋子里昏暗的灯光，很快，他就搬出一个小木箱，里面咣当作响全是干活的家伙。

老邢修车的技术真好，陪着他唠嗑的工夫车就修好了。修完后，老邢拍拍手，掸掸身上的尘土，叹了口气说："家里就几亩薄田，日子过得捉襟见肘啊，只好修车贴补家用。"他听了也叹了口气，忙掏出五十元钱，说："谢谢师傅帮忙，这钱你收下。"老邢推开，虎了脸说："哪能这么多，别人五块咱也五块。"最后，只收了五块了事。临走的时候，他忽然想起了什么，扭回头对老邢说："这沿途从郊区到市里有几十公里的路程，据说没一家流动修车的，你可以做起这门生意啊，这价钱嘛根据远近可以再提提。"老邢听了，紧皱了一下眉头，咧嘴乐了。

第二天，开车出去办事，他又走昨天那条道。一走上通往郊区的公路他的心就一惊，远远地，他看见一个老者和一个小青年在路边的电线杆子上刷写广告，一辆半新不旧的三轮车靠在路边。那老者的轮廓怎么看怎么眼熟，走近了看，原来是给自己修过车的老邢。停了车，摇下车窗打招呼，老邢却不好意思起来，满脸堆笑只打哈哈说好。

回来的时候已近暮色，路两边的景物还依稀可见，一路走来，他却禁不住惊叹起来。公路两边的电线杆上竟然"无一幸免"全都落下他们爷儿俩的墨迹。歪歪扭扭的红色油漆写的是"修车"两个字和一个网通手机号。一路看下去，可谓是一个奇观了。这样的举动竟然让他生出几分无奈的感动。

之后很长时间，他就很少再走那条路了。每每向别人说起此事，他就无限感慨。后来再上这条路的时候，望着这些电线杆子上的手写广告他的心里就暖暖的。"修车，132XXXXXX71。"这真是一个不错的创意，看着看着他还生

223

出几分敬意来。

再后来，聊天的时候听一个朋友说，有一个老者时常开着一辆半新不旧的三轮电瓶车穿梭在那条公路上给人流动修车。朋友的话让他很是安慰，他猜想那人一定是老邢。

半年后，旧戏重演，他又借了一辆自行车出去郊游，还走的是那条通往郊外的公路。因为玩得尽兴那天还喝了白酒，回去的时候天色已晚。

或许是真的想老邢了。结果，中途又遭旧故——车胎破了。推到半路的时候，他的酒已经醒得差不多了，忽然就想起了老邢——他不是流动修车吗？看看夜色，有了几分顾虑，实在没有办法，他还是用手机照亮了路边的电线杆子，找到那个修车电话打过去。很快就有人接。是老邢的声音，说马上就到，别着急。然后就是焦急又漫长的等待。

不知道又过了多长时间。远远地，当他听到咣当当咣当当的车响声从远方一阵阵传过来后，他的心激动起来。他知道是老邢来了。

老邢到了修车地点，先打亮了手电筒，接着是搬运修车的木箱子，还提下一个装满水的塑料壶和一个脸盆子，最后拿下的是两个小马扎。他接过来坐一个，老邢坐一个，一边聊一边看老邢做活。他打起手电筒，借着不太明亮的灯光看见老邢那张核桃皮般的脸上皱纹更多了，似乎是眨眼间就老成了这样子。谈话中才知道，因为这个电话老邢成了名人，十里八村的都找他修车，半夜里还有人叫他出摊。想到别人的难处，老邢从不拒绝，即便是寒冬腊月也照出不误。有一次还掉进了路边的深沟里，差一点要了老命。说这些的时候，老邢谈笑风生，像在说别人的故事。他却听得生出几分心疼。

修完车后，老邢乐呵呵地说，五块。他一下就愣了，说："半夜跑这么远修车也五块，物价天天涨，你怎么不涨涨价呀？"老邢笑了，说："咋能干那样的缺德事儿，那不是落井下石趁火打劫吗？"

依然是五块，多给，死活不要。装了钱后，老邢收拾好东西，然后开着电瓶车摇摇晃晃地走了。夜色很快将他的身影吞没。

他骑上车准备出发，忽然起了念头想看看时间。打开手机一看，吓了一跳，竟然是夜里11:28。

骑上车，他拼命蹬，但眼前却怎么也挥不去老邢在夜色中摇摇晃晃匆匆离去的背影。

讲起上面的故事，不知道什么时候老魏的眼睛里已经噙满了泪水。讲完后，他叹了口气说："难啊，难得啊！"

老邢是个好人。这是老魏当着我的面，给老邢下的评语。

还能说什么呢？

末了，老魏对我说："后来我听说老邢死了，心想这修车的事儿就此打住，谁知道他还安排了他的儿子接班，接着干，半夜里照样修车，还五块，傻了吧？！"

说到这里，老魏的泪水像是决了堤的洪水，止不住哗哗地流。看着老魏泪眼汪汪的样子，又看了看满桌的饭菜，我说："别扯淡，老魏喝酒。"

老魏一口将酒灌进嘴巴里。紧接着是一阵剧烈的咳嗽，呛住了，他把泪花子弹散得哪儿都是。

点　评

　　在现实中，很少有人不被名利所迷惑，那颗被名利引诱的心就会迷失方向、丢失自我。文章选取的主人公不是伟人，也不是名人，只是一个平平常常的普通人，这便使得这篇文章有了普世的教育意义，有了根植现实的力量。

等你三分钟

作家心语：偶然改变人生，必然决定命运。

男人和儿子在一起，有一句口头禅：等你三分钟。

每次男人说完，儿子都是一副不屑一顾的样子。儿子斜瞥着眼，瞪男人一眼，气哼哼地说："老爸，就等三分钟，五分钟不行吗？"男人听了，先皱皱眉头，然后微笑着，很坚决地摇了摇头。

开始的时候，儿子把男人这句话当作耳旁风，后来就知道不行了。有一次，男人到学校接儿子放学回家，儿子下楼后发现作业本忘带了，转身上楼去取。男人望着儿子慢悠悠的背影高声喊："我等你三分钟，快点下来啊。"儿子并不理会他，仍慢吞吞的。等儿子再次出现在楼下的时候，男人已经不见了，当然是超时了。儿子蹲下身子号啕大哭起来。自此，儿子开始把男人的那句口头禅当作金科玉律，严加遵守。

其实，在男人看来，这样的要求有些苛刻，甚至有些不近人情，但男人仍然坚持这样做。当然更多的时候，男人把它看作是一个模糊而积极的行为准则，比如，一份工作，别人需要五天做完，在男人看来，努力做，只需要三天，当然就三天啦。男人坚守的是他内心认为的那个时间。为此，男人在公司升迁极快，成了大家公认的学习榜样。

父亲做得好，儿子当然也要跟着学。可是，儿子始终不理解父亲。也曾问过为什么，可男人始终笑而不答。儿子就去问母亲，搂着母亲的脖子摇呀晃呀地撒娇。母亲听了，只是淡然一笑："我认识他的时候他就这样子，没什么理由，也没什么故事。"儿子当然不满意母亲的回答。问得多了，母亲才告诉一些关于男人别的故事：据说，之前男人和几个姑娘谈对象，因为某些原因莫名其妙地分手了。

难道老爸是情感上受了刺激？儿子听了母亲的话更加好奇了，眼珠一转，咂咂嘴巴，撇开母亲暗自嘀咕："老爸，可真是一个怪人。"没事儿的时候，儿子也偷偷琢磨老爸那句口头禅的深意，渐渐也悟出几分做人的道理，结果学业喜人。但是，儿子始终认为，这句话背后一定有一个动人的故事。

儿子十八岁那年，有一天，男人告诉儿子要带他坐火车远行。儿子听了欣喜若狂。

那天，男人带儿子坐火车来到一个偏僻小镇。下了火车，站在一个小站的入口处，望着轰然驶去的火车，男人对儿子深情讲述起来。

男人说四十年前，一个男孩随父亲坐火车去远方看望一位亲戚。火车行至中途，他忽然想大便。那天，父亲皱着眉头用手指了指火车上的卫生间，对他说，去那里解决就行。可他蹲在那里，半小时过去了，愣是没拉出来。从里面出来的时候，他脸红红的，沮丧极了，哭丧着脸对父亲说，在野地里拉习惯了，在这里拉不出来。父亲看了看他，跺了一下脚，拉着他的手急匆匆去找乘务员。一个女乘务员接待了他们，告诉他们，再过十分钟，火车要在前方一个小站停五分钟，到时候，就在那里下去解决吧。父子听了十分高兴。

十分钟过后，火车果然在一个小站停了下来。其实，那称不上小站，不过是荒野里一个小路口而已。火车一停下，几名背旅行包的旅客就排在车门口，拼命往上挤。父亲看着，着急得直瞪眼睛，抱着他从车窗口直接丢出来了。一边抱他，一边冲他大声说："火车只停五分钟，我等你三分钟，拉完了赶快回来啊！"

那一刻，他早已憋不住了，哪还顾得上应一声，一着地就飞快地跑下铁道，闪身钻进玉米地里。刚脱下裤子，他不自觉地回望了一眼，结果便看见火车车窗口一张男人的脸——咧着嘴，不怀好意地冲他笑。他的脸腾地就红了，提上裤子，拼命往玉米地深处钻。那天，他跑了很远才停下来，转回头，发现看不见人影了，才又蹲下身子。

恰在此时，一声长长的火车鸣笛声，从远方传来，然后就是火车咔嚓、咔嚓、咔嚓咔嚓、咔嚓咔嚓的奔跑声——火车已经出发了。

"爸爸，等我，爸爸，等我……"

他急得哭喊起来。可是，始终听不到父亲的回应声——那一刻，父亲的呼喊声被火车震耳欲聋的奔跑声淹没了。

后来，男孩被当地一户人家收养了。十五岁那年，按照童年的模糊记忆，他偷偷跑出来，坐上一列火车去找寻自己的亲生父母，可是一下火车，他就傻眼了——茫然四顾，他不知道该去何方。那次，他灰溜溜地坐火车原路返回，回到家后，挨了养父养母一顿臭骂。二十岁那年，他利用大学一整个暑假的时间重新出发，经过一番周折，终于找到了生养自己的小村庄。

一切都已物是人非。

大雨倾盆的午后，他站在一座破败的土房子前面，失声痛哭。泪水和着雨水，将他的心浇得冰凉冰凉。听村里老人讲，父亲将他丢失那年，也曾多次沿途找寻，可都一无所获。不久，父亲就抑郁而死了，而母亲则另嫁远方。

讲到这里的时候，男人揪着自己的头发泣不成声。男人说："等你三分钟，就是三分钟，你为什么就不遵守呢？为什么呢？……"

点 评

有时候命运就是在瞬息之间被决定或者改变的。在不以为然，或者浑然不觉的刹那之间，人生发生了重大的转折。那瞬间无论是可控或者不可控的，都是令人难忘的，像一个钢钉嵌入生命的机体中，有瞬间的痛感。

北方夏日的雨

作家心语：一处地方，一片风景。一片风景，一种心境。

北方的夏日，几乎见不到细雨霏霏的日子。那种细雨微沐茶色幽香的雨天，似乎只有在水泗江南才能遇见。

当然不会只为一个这样情意缠绵的雨天，千里迢迢奔赴江南。可心里却还是会有无数个江南这样的雨日在牵挂。如果硬要在北方寻找，有那么一天两天或者三天五天，印象中，应该也是在早春时节吧！那迷人的花香，蒙蒙的雾气，像是一个个青春萌动的少男或者少女，把青涩的脑壳或袅娜的身影亮给你，却把淡淡的娇羞藏在心里面。

或许是书读多了，总幻想有那么一个细雨蒙蒙的雨天，撑一把油纸伞，踱步在繁华落尽的江南古镇。脚下是历史厚重的青石板路，眼中有蒙蒙飞絮在空中飘荡。那一刻，或是孤身一人，三两知己亦可，最好是有红粉佳人相伴。就那么闲来无事地一边走，一边看，一边聊，让浅浅的笑浮现在脸上，任淡淡的寂寞与欢乐沉在心底——那定是人间最美的享受了。

可是，那只是梦幻罢了，想想而已。

现实中，北方夏日的雨哪有那么温情？多数情况，雨来，如锣鼓喧天的戏场，雷声风声下雨声各种喧哗声叮叮当当合成一片，热热闹闹欢欢喜喜又痛快淋漓地下那么一场，转瞬间就烈日当头，把人照得晕头转向了。

在雨中，这样的急雨暴雨，你没有缓缓而行的雅兴，没有吟诗作赋的念头，即便是撑着伞，心中也是湿漉漉一片，要是露天徒手，只好抱头鼠窜逃之夭夭了。当然，如果你闲来无事，也可拖条凳子摆放在门前，拿出一副优哉游哉的神情，去赏雨中的情景。

可是，暴雨铺街，雨水横流。在滚滚的乌云中，在隆隆的雷声里，看繁华世界转瞬间变得空寂起来。那份闲愁，总是有些怅然的。那份惬意，总是掺杂些无奈。或许，你还没有完全沉浸其中，心中的那面鼓，咚咚咚，就擂个不停——烦躁起来，不安起来，失落起来。

这样无趣的雨日，大人们多数躲在屋子里闷闷地过日子。有时，也会敛起心思，捧一本书无可奈何地读。但最感惬意的，是躺在床上睡懒觉。下雨了，屋子里也开始凉爽起来，灰暗起来，仿佛夜幕提前降临。无聊中，困意袭来，沉沉而眠。

可是，孩子们却不。他们叽叽喳喳争吵着，把你叫醒，让你陪着他们到雨中玩水。

没等你穿戴好，他们就披挂整齐了，小小稚嫩的脸藏在雨衣帽子里急切地望着你，催促你快点下楼。这时，他们手里早已拿好了水枪或是水盆，一对对穿着凉鞋的小脚踢踏踢踏急切地踏着地，像是在擂冲锋鼓。

不喜欢雨天和人聚在一起打牌、聊天，也只有和孩子们在一起，你才能找到了雨天的乐趣。他们跳水嬉戏，你叫我喊，他们用水枪把水打在你的脸上身上，撩你一身的泥水，看你狼狈不堪的样子哈哈大笑。他们相互追逐，尖叫，摔倒，哭鼻子，做出一番决然离去的样子。可是小伤心的背后，是欢乐的，那些乐是流淌在心里面的纯洁自然的乐。

那一刻，你仿佛又回到童年。小雨成了索然无味，只有大雨暴雨才好玩。那个北方的雨，在暴跳如雷健壮如牛的汉子眼里，在彪悍泼辣絮絮叨叨的女人心中，又开始变得有趣起来。

想想，你会哑然失笑。

寻你，不见。其实，你仍在那里。

★ **点　评**

　　北方的雨水像北方的人，粗粝，豪爽，但也有打动人心的小场面。把雨放在具体的生活场景中，就有了生动的模样，如果再融入心情，一场雨就有了情趣，有了打动人心的意境之美。寄情于景，借景述怀，这是写作中常用的一种技巧，值得初学写作者尝试。

醒

作家心语：醒是一种人生状态，是一种生活姿态，是一种信念存在。

一

我在初春的一个早晨，蓦然间看到一只掠过头顶的大鸟。注视它很久，直到它远去，不见踪影了，才收回茫然惊愕的目光。在掠过我头顶的那一瞬间，我从它的口中看到一根硕大的木棒。心里比画了一下发现那根木棒几乎和它的身体长短相当。那一刻淡蓝色的雾气还未完全散去，湿凉的气息正弥漫整个大地，它就那样衔着那根硕大的木棒虚无缥缈地消失了。

它是在搭窝吗？我问自己。这样一问，仿佛一整个冬天它都裸露在风中，过着瑟瑟发抖的生活，在煎熬中迎来春天。

于是，我开始关注起路两旁的树木。在光秃秃的枝杈间寻找着什么。寒冬刚过，那些树木还没来得及用层层叠叠的叶子装饰自己。撞入眼中的几个孤零零的鸟巢便显得异常醒目了。它们兀立在风中，几乎有一种摇摇欲坠的感觉。有几个，甚至干脆建造在角铁做成的高压线塔上。

没事儿的时候，它们飞出窝子。树枝上以及电线上便结着几只鸟儿，像五线谱上静默着的音符。

那一刻，即便世界还像冬日那样沉默着。可那只衔着木棒的飞鸟却无声地

232

惊醒了一冬的残梦。

二

一个春天的早晨，妻在厨房里大呼小叫起来。我从书房里急匆匆跑去看，她焦急万分地从橱柜里提出一个塑料袋子给我看。

原来，是家里的大蒜发芽了！干扁的蒜瓣已经没有了汁液，叶子却绿得可人。

那满满一袋子的大蒜是父亲从乡下给我们带过来的。我们竟然把它们忘记了，甚是可惜。看着眼前的一切，我笑了，安慰她，说那些没有经过任何化学药剂处理，也没有用射线照射过的大蒜，在这个春天里发芽了，自在情理之中。

虽口中这么说，可我内心却固执地认为，那不是发芽了，而是它们听到了春天的召唤，醒了。

我找来一个盘子，盛了清水，把它们摆放在里面，在悠闲的时候静静地看它们伸展开身子慢慢长大。世间万物就是这样，一旦醒来，你就阻止不了它蓬勃地生长。

夜里，我做一个奇怪的梦。梦中的自己浑身长出嫩绿色的芽，像一棵树那样，枝叶茂盛地生长着。

三

有人说，不要在冬天砍树。因为那些看似枯朽的树木，说不定会在春天重新焕发生机。

何止是树木，有些花草也是。秋天的时候，阳台上一盆玻璃翠忘了打理，枯萎了。我想把它扔掉，终究因为其他一些琐事而搁置了。待到春天的时候，妻子只用几碗水，花盆的泥土下竟然冒出一片绿芽来。妻子笑着说，那些枝叶枯死了，可根还活着。

人不也是这样？

许多时候，人生，只因一个念头，一点触动，便醒了。

四

有一段时间，夜里常常难以入眠。夜已经很深了，我仍然睁着眼环视这个喧嚣的世界。即便入睡，也是一夜噩梦。后来去看医生，他说："你太紧张了，睡觉的时候大脑还活跃着，该调整一下自己的状态了。"

我想，那不是因为大脑太活跃了，而是一种固执的醒着的姿态。那段时间，因为生活和工作的一些事情，我如一只受了惊吓的小兔，时刻警惕着生命中的危机四伏。因为醒得太久，于是便疲惫不堪。

原来，醒着，也会成为一种痛苦。世间最为痛苦的人，就是那些醒着的人。

五

有一天，坐在书房里闭目审视人生，发现那些混沌者不一定全是头脑糊涂的人，而那些清醒者也不一定就是头脑聪明的人。

你看，那些聪明的投机者，与其说是醒着，不如说是还睡着——他们的人生路，总因为自己的一点小聪明而走成混沌一片。那些没有梦想或者已经失去梦想的人，人醒着，人生却在漫漫征途中沉沉地安睡。反而是那些不够聪明的人，因为坚守一个梦想或信念，把人生活出一片精彩来。

上网查资料，有这样一段文字解释"醒"字。

醒，动词，形声。从酉，从星，星亦声。"酉"与酒有关。"星"意为"半明半暗的状态""星夜状态"。"酉"与"星"联合起来表示"从醉酒状态向神志清爽状态过渡"。本义：酒醒（过程）。

读过上面那段文字，我想，人生在世，也应该是一个从混沌到醒的过程。你不能一生都混混沌沌，只有心醒了，才活得明明白白清清楚楚，有意义。不然，虚度年华，枉过此生。

我想，真正的醒，是信念安在，爱心依存，梦想还活着。

只有内心深处的觉醒，才是真正的醒。

★ **点　评**

散乱的珠子经一根细线穿起，才能成为一条漂亮的项链。就像这篇文章，将那些看似不相关的事物，找一根主线串联起来，就是一篇不可多得的好文章。文章由表入里，左右逢源，分别写出了生理上的醒、生命上的醒、人生状态上的醒以及哲学意识形态上的醒。由简单的一个字，写成一篇文章，要学会扩展思维，深入挖掘。

心有月光

作家心语：采撷一朵阳光温暖梦想，采撷一片月光照亮心境。

一

喜欢坐拥窗前，目投中天，让月的冷辉在视野里慢慢铺展开来。如一轴画卷，在眼前徐徐舒展。

看流光飞瀑，落一地洁白的银。那乳白色的月光真美，有凉凉的风裹在光亮里。有时，月却被笼在云层里，隔着一层薄薄的纱，散发着朦胧的光，有淡淡的羞涩与忧伤。

此时，清风明月，对酒当歌，洒脱不羁，自然美不胜收。

而独然一人，默然而立，也可美到心里。

望月，品的是一份心情。一种繁华落尽，寂寥于心的孤独。

二

目含明月，心有欢喜。轻合双目，让整颗心沉醉于那冷冷的清辉里。

那一刻，想必月光铺肩，清辉沐脸，点点光晕栖落在眉宇间。月光也映照在了心上，心中的湖，便在月光下泛起幽蓝的粼粼的光。

隔着时光的距离，远远地，你去看它、想它，心便宛如晃着月光的井水，在明暗交错中变得幽深、清冽。

三

望月，披一身月光。

此时，夜未必是静寂的，或许正歌舞升平、喧闹异常，可那颗决然的心，却可以避开尘世纷扰，独守一分安然与寂寞。如幽禁在幽深又寂寞的时空枯井里。那分安然有漠然尘世的孤独之感，那分寂寞有孑然而立的隐隐痛楚，而更多的，是一种平淡如水的安逸与寂寥。

即便安逸，也是一种"小"安逸，是小隐隐于野的片刻隐匿。是心灵从飞翔的天空落于平地时暂时的休憩，如一只飞疲的鸟，落于枝头，用喙修理自己有些凌乱的羽毛，以寻得片刻的休息。

即便寂寥，也是一种独然于世的寂寥。不必为夕阳唱一首挽歌，也不必为残花独自哀叹。只是在空旷的原野里四处瞭望，把目光投入更深邃的天空。

四

夜深人静，万物安澜，月在窗外。可窗帘是合上的，并不去看它。只打开床头的一盏橘色小灯，靠着床背，捧一本书浅浅地读，读着读着心便有了月光。

那月光，有时如诗句"床前明月光"，是豁亮的；有时如"东窗未白凝残月"，是朦胧的；有时似"月华如练，长是人千里"，是凄凉的；有时像"露从今夜白，月是故乡明"，是惆怅的。

月光在心。人可以在"梅花雪，梨花月"中引发无限情思，亦能在"月上柳梢头，人约黄昏后"的意境之中，意乱情迷。

五

心有月光，光更多是照亮自己。如在千里之外的江河，取一瓢清水，清洗一下心中那颗蒙了灰尘的心。又如在漆黑深夜里踽踽独行的侠客，即便行至深山孤岭，可心却一点不惧怕。

总想，在有月亮的夜里走走，把亮晃晃的月光踩碎在幽幽的泥石小径上。这时，身后有猎猎长风刮过，将心中的尘世与烦恼卷到黑暗里。

心有月光，光不必那么热烈，不求那么明亮，最好不是浓郁的、芳香的。淡淡的，幽幽的，就好。

点评

这是一篇充满诗意的散文诗，月亮是黑夜的明灯，月光就是黑夜里盛开的花朵。古往今来，有多少文人骚客对月亮倾尽才华和情感，他们笔下的描述自然各不相同。积淀下来，月亮在人们心目中就有了种种不同的意象。赏月，贵在抒怀，写出自己的感受。

孤独时刻

作家心语：享受孤独，方能超越孤独。

家里圈养的那只小狗，时常会在空落无人的院子里乱咬一番。母亲说，那不是因为它听到了什么动静，而是它孤独了。

母亲的话语让我有些莫名的忧郁——连一只小狗都会有自己的孤独，何况人呢？

每当父亲拼命地干活时，母亲常常会对我说："你父亲孤独了。"透过母亲的话语，我看见父亲在家里忙碌的身影，从修理一辆破旧的自行车到整理摆放有些凌乱的煤球，又到打扫院子里飘落的枯叶……当汗水层层地布满他的额头，汇集成汗珠滴落时，我看见了父亲脸上敞开坦露着的微笑。那一刻，我知道，孤独刚从父亲心中走过。

而母亲的孤独是默默地哼唱一首首歌曲，从一首革命老歌到一首儿歌，又哼唱到当下耳熟能详的流行歌曲……父亲看了，总是摇摇头，默然而后低沉地说："瞧！你母亲现在孤独了。"我望了过去，分明看见母亲脸上浮现着的温润的笑，淡淡的，如同一片闲散游动的浮云。渐渐地，母亲的歌声变低了，没有了声响，淡淡的笑也从脸上慢慢收拢，而后，恢复一脸的平静与凝重。那一刻，我明白，孤独从母亲的歌声中飞走了。

我看见，对门邻居家的少女孤独时，是拼命地逛街和吃零食。而我的孤独是忘记时间地翻阅一本曾经翻过无数次的旧书，而那本书的封皮早已破损，里面的书页也已发黄。

此外，我还见过空巢老人眼中流露出来的孤独与落寞，亲密恋人分离独处时眼中溢出的浓情与忧思，以及一棵孤立于墙头的枯草的幽怨与哀愁……

但，我最喜欢，也最欣赏的是弟弟的孤独。他总是百无聊赖地挑逗我们家院子里的那只小狗。每当这个时候，小狗就会在他面前摇摆着尾巴，快乐地转来转去。几声犬吠从院子里飘出后，我看见弟弟歪斜着脑蛋，正冲小狗一脸嬉笑，而小狗也在地上快乐地打滚儿。那一刻，我发现：弟弟的孤独正满地"翻滚"，和小狗在快乐地撕咬着。孤独在彼此间忽然变得淡漠了，了无踪迹。

原来，生命的万物都如同那只小狗，都会有各自不同的属于自己的孤独。每一种孤独都会有各自不同的样子，而孤独时刻的模样，也会成为一处被人欣赏的风景——那是生命的独特的模样。

点 评

关于孤独，不同的人有不同的感受与理解，即便是同一人，不同的人生阶段也会有不同的感受与理解。这篇文章应该属于生命写作的范畴，关注的是人类内在的心灵体验。从外在的表现写起，让读者从外向里去思考和理解。如冰山理论中所讲的那样，露出来的是八分之一，藏在水下的是八分之七，这样写，就有了巨大的思考和探索空间。

后 记

时光一晃，写作已近十年。这样一想，忽然感觉自己一下子老了十岁。回想当初，提笔写作的初衷，不是为了名利，而是自然而然地对于表达的渴望。当一篇稿子写完后，内心有一种被掏空的感觉，那种空，使人觉得一身轻松，甚至连灵魂都是轻盈的。

后来，写作成了一种习惯。于个人而言，也算是心灵自洁的一种方式。心情不舒，提笔写字，内心的块垒就慢慢消融了，等文章写成后，内心已是一片阳光。当然，要写作，就要读书，要思考，个人素养在潜移默化中得以提升。

渐渐写得多了，就有了写作的责任感。有了感悟，就想和人分享。仿佛别人读了文章，会有醍醐灌顶的效果。实际的效果或许是，一篇文章能有一个两个打动人心的句子，就不错了，自己就心满意足了。其实，自己读文章也是这种感受，像蜜蜂采花蜜，一点一点汲取。

这样劳心伤神的事情，一做就是多年。我想，我今后还会坚持写作。写作中面对更多的，不是别人，而是自己。通过写作，走进自己的内心，发现那个神秘而未知的另一个"我"。同样，也期望自己的文章能够走进读者的心中，留下一点难以磨灭的痕迹。

图书在版编目（CIP）数据

第一百朵玫瑰／侯拥华著；李红都点评. —哈尔滨：哈尔滨出版社，2016.1

（高考语文热点作家作品精选）

ISBN 978-7-5484-2290-7

Ⅰ. ①第… Ⅱ. ①侯… ②李… Ⅲ. ①阅读课—高中—课外读物 Ⅳ. ①G634.333

中国版本图书馆CIP数据核字（2015）第 230113 号

书　　名：**第一百朵玫瑰**

作　　者：侯拥华　著　李红都　点评
责任编辑：杨浥新　赵　晶
责任审校：李　战
装帧设计：上尚装帧设计

出版发行：哈尔滨出版社（Harbin Publishing House）
社　　址：哈尔滨市松北区世坤路738号9号楼　　邮编：150028
经　　销：全国新华书店
印　　刷：哈尔滨市石桥印务有限公司
网　　址：www.hrbcbs.com　　www.mifengniao.com
E-mail：hrbcbs@yeah.net
编辑版权热线：（0451）87900271　87900272
邮购热线：4006900345（0451）87900345　或登录蜜蜂鸟网站购买
销售热线：（0451）87900201　87900202　87900203

开　　本：787mm×1092mm　　1/16　　印张：16　　字数：215千字
版　　次：2016 年1月第 1 版
印　　次：2016 年1月第 1 次印刷
书　　号：ISBN 978-7-5484-2290-7
定　　价：28.00元

凡购本社图书发现印装错误，请与本社印制部联系调换。　服务热线：（0451）87900278
本社法律顾问：黑龙江佳鹏律师事务所

相关阅读推荐

中考语文热点作家作品精选

高考语文热点作家作品精选